中國學術思想 研究輯刊

四 編

林 慶 彰 主編

第25冊

唐君毅孟學詮釋之系統研究

蘇 子 敬 著

花木蘭文化出版社

國家圖書館出版品預行編目資料

唐君毅孟學詮釋之系統研究／蘇子敬 著 — 初版 — 台北縣永和
市：花木蘭文化出版社，2009〔民 98〕

目 2+156 面：19×26 公分

(中國學術思想研究輯刊 四編：第 25 冊)

ISBN：978-986-6449-24-6（精裝）

1. 唐君毅　2. 孟子　3. 詮釋學　4. 研究考訂

121.267　　　　　　　　　　　　　　　　　98001911

ISBN - 978-986-6449-24-6

9 789866 449246

中國學術思想研究輯刊

四　編　第二五冊　　　　　　ISBN：978-986-6449-24-6

唐君毅孟學詮釋之系統研究

作　　者　蘇子敬

主　　編　林慶彰

總 編 輯　杜潔祥

出　　版　花木蘭文化出版社

發 行 所　花木蘭文化出版社

發 行 人　高小娟

聯絡地址　台北縣永和市中正路五九五號七樓之三

　　　　　電話：02-2923-1455／傳真：02-2923-1452

網　　址　http://www.huamulan.tw 信箱 sut81518@ms59.hinet.net

印　　刷　普羅文化出版廣告事業

封面設計　劉開工作室

初　　版　2009 年 3 月

定　　價　四編 28 冊（精裝）新台幣 46,000 元

唐君毅孟學詮釋之系統研究

蘇子敬　著

作者簡介

蘇子敬,台南新化人,祖籍福建海澄,台灣大學哲學系學士,中國文化大學哲學研究所碩、博士。自幼生長在講求和諧禮敬、富含詩書氣息的百年蘇家古厝中。幼習書法數年,既長醉心古典文學、關懷歷史時事,慨然有復興國家民族文化之志。大學起,治中西哲學,關心民主自由和形上大道,踵隨當代新儒家,宗主儒家學說和唐君毅哲學,猶衷情於宋明理學,兼及道家情致,近年亦究心於書道。著有《胡五峰《知言》哲學課題之研究——以「內聖外工」概念展開之》、《唐君毅孟學詮釋之系統研究》、《陳丁奇的書道志業及其書道哲學觀》等書,以及〈論斯賓諾莎《倫理學》之形式結構〉、〈斯賓諾莎《倫理學》「論神」八大定義範疇釋疑〉、〈伯夷列傳析詮〉、〈王陽明「拔本塞源論」之詮釋——文明的批判與理想〉、〈唐君毅論橫渠、明道、伊川學徑異同〉等論文多篇。現為國立嘉義大學中文系教授兼系主任。

提　　要

　　唐君毅先生以「當代新儒家」名聞於世,其哲學「博大圓融、無徑可循」,綜合中西印,貫通古今,深入古聖先賢之哲學心靈,儘如實契會而屢出新意,非僅創立其「生命三向與心靈九境」之龐大體系,更依「即哲學史以言哲學」或「本哲學以言哲學史」的方式,全面疏釋中國哲學,抉發出恆遠價值,並賦予時代意義。而唐先生大致透過宋明新儒學(以孟學為主調)以上契先秦儒家,再經調適而上遂,以求更得其實,並建立其「天德流行境」,則其對孟子精神思想之契會與詮釋自更舉足輕重,本論文即以此進行系統性的研究。

　　我們先行整理唐先生回到儒釋、歸宗孔孟之曲折的成學歷程,說明其所認為的西洋哲學文化之不足處,由此對照而顯其眼中東方智慧之博大高明,進而凸出整個儒學之勝義,並依唐先生的見解,簡切論述先秦儒家的精義,指出孟子之關鍵地位。在此唐先生精神思想背景之概觀的了解基礎上,我們切入唐先生對孟子的詮釋,展開一系列有系統的研究。

　　首先,拈出唐先生晚年忽有所契會孟子學的精神核心乃在於「立人之道」,也就是「興起一切人之心志,以自下升高,而向上植立之道」,於是,透過唐先生前後各時期有關孟子的詮釋代表作,進行掇要概括和分析辨明,理出了其間的思想線索和隱涵微義,尋得了前後相因或轉變、發展的軌跡,並加以綜合貫串,顯現其對孟子精神思想的契會歷程和見解要義。

　　其次,深探唐先生關於孟子之言默與論辯的態度及言性說道的方式之詮釋,進行了較綿密的分析辨明,並經過綜合貫串以呈顯其間的思想線索。由此獲得啟示,再經層層辯證反省和引申,終達到對孟子心靈向度或思維方式以及表達特色之更高的理解,亦即一種守先待後、對一切人永不絕望而堅持其性本善之「出乎高卓而恢宏的道德境界之超越的肯定」,不容許把任何個人看作"根本"與我和聖人異類而原較低等,以免在其間設限了一道無法逾越的鴻溝或關卡。在此意義下,其他性善的論證或辯難,都是為此「道德理想」或「實踐目標」而設,只是提供現象界裡道德心靈的事實例證或符徵,作為人性本善的理論說明,輔以增強人們的信念,提振人們成聖成賢的心志罷了!

　　再者,我們擘析、探討了唐先生對孟子之心與養心工夫的詮釋。唐先生以「性情心」或「德性心」釋孟子之「心」,以之為純善而無私邪,亦初與耳目食色之欲不相對反,乃一直接面對人物而呈現出之心,初非反省而回頭內觀者。故孟子養心工夫的要點只在正面地依四端之心之流露生起處以擴充、直達出去,醒覺地持守保存、續繼不斷,使充塞生命心靈,貫徹於所感的事物中,故實簡易直截,而不似宋明儒重反省地對治種種人欲等負面者之多曲折、加邃密,之正

反工夫雙管齊下。孟子之論為政之道，亦只是順此惻隱關懷以推行於民，即此便是王道仁政之表現。我們又針對袁保新先生分析孟子「身－心」結構時，在「道德心」概念外另提出「實存心」的說法，檢討其可能帶來的得失。此外，順唐先生對孟學工夫的詮釋說法，我們還比觀了牟宗三先生之「逆覺體證」（附及「頓悟朗現以大定」的積極工夫），更勉力把所涉及的德性工夫形態和境界大致歸納成數個層次，試圖貫串起來。

　　接著，探討唐先生對孟子之「性」與「命」的詮釋。先說明唐先生對中國先哲論人性的原始方向和基本觀點的釐清，使我們能從生命內部之面對人生理想而動態實踐發展的角度，以了解所謂的人性，而不外在化之、定限化之。由此導引到唐先生著眼價值理想和涵攝能量，而自「心能統攝生」的觀點，以解說孟子不沿襲舊義「即生言性」卻改以「即心言性」的理由，亦即分別從心對自然生命的涵蓋義、順承義、踐履義、超越義四個方面加以說明。我們對此解說略加點撥闡釋，指出此仍把握住心對欲的義命之鑰，乃就人生理想而言的人生命心靈之最初或最終的「體性」與「價值性」。唐先生更進而闡釋孟子乃即「心之生」以言性，也就是即四端之心之「自生自長」或者說「自向於其擴充」以言性，此即動態實踐發展的「趨向性」或「幾之性」，創生不已，通內外而無限量，終可同於聖而達於天。至於孟子之「立命」，則唐先生認為乃承孔子之「知命」而來，其別只在「立命」乃就吾人自身先期之修養上說，而「知命」乃就人當其所遇之際說。唐先生認為此孔孟所謂「命」，並非直指吾人所遭遇的某種限制之本身，而唯在此限制上，所啟示的吾人之義所當為，而若令吾人為者，才是命之所存。此義所當為之命既若外來之啟示，亦若天之呼召，同時也必經過心性的自覺自立或自命，而非只一味順從或無奈被迫，故知命、立命實須經過盡性的工夫歷程，盡性即所以涵攝知命立命。

　　繼而，略述唐先生對孟子王霸之辨或言政與教化精神的會悟，而由孟子此外王面「亦不外使人向上興起其心志之義」，以通貫於其對孟子內聖學的詮釋。並概括點畫諸先哲心性工夫、知天立命一路之學，以為背景，而勾勒唐先生孟子詮釋的特色和貢獻以及我們的一些創獲，以為本論文之結論。最後，抒余之感懷心志，並借品析先賢三首詩詞以表三層境界，而契於唐先生之孤懷。

第一章　緒　論 …………………………………………… 1
　　第一節　研撰動機與目的 …………………………… 1
　　第二節　研究方法與進路以及限制 ………………… 2
　　第三節　綜述各章問題與要旨 ……………………… 3
第二章　唐君毅先生之成學歷程與先秦儒家觀 13
　　第一節　峰迴百轉，回到儒釋，歸宗孔孟 ……… 13
　　第二節　西方理想主義之不足與東方智慧之長處… 18
　　第三節　儒家勝義暨先秦儒家之精義與孟子之關
　　　　　　鍵地位 ………………………………… 25
第三章　唐君毅先生之於孟子學的詮釋歷程……… 31
　　第一節　由晚年契會說起 —— 孟學的精神核心 … 31
　　第二節　年少之穎悟 —— 辨「性」非「本能」及
　　　　　　其特殊涵義 ………………………… 33
　　第三節　青壯之奠定詮釋的基本規模 —— 由論性
　　　　　　的著眼點到性善論的論證，並論惡之起
　　　　　　源以及「心統形色」所引申的性善深義… 35
　　第四節　中壯時之拓深與擴大 —— 辯四端可涵
　　　　　　蓋食色，及自然生命中本有虛靈創生的
　　　　　　道德性情，並深論惡情之生與性理流行… 39
　　第五節　中晚年之分疏與圓熟 —— 創造性詮釋
　　　　　　孟子諸義理範疇，終豁然貫通而契會孟
　　　　　　學精神核心，完成詮釋宏規 ………… 46
　　第六節　任重道遠，死而後已 —— 言性說道的方
　　　　　　式及言默與論辯的態度 ……………… 48
　　第七節　結　語 ……………………………………… 49
第四章　唐君毅先生對孟子思維方式和表達特色
　　　　的契會與詮釋 ……………………………… 51
　　第一節　論孟子之言默與論辯 …………………… 51
　　　一、對言與默的態度及其承紹…………………… 51
　　　二、論孟子言辯態度有其合理基礎 …………… 52
　　　三、孟子論辯之道之第一型 …………………… 54
　　　四、孟子論辯之道之第二型 …………………… 55
　　第二節　論孟子言性說道方式之特色 …………… 59
　　　一、第一個特色 ——「出以辯說」………… 59
　　　二、第二個特色 ——「另有實踐目標」…… 61
　　　三、第三、第四兩大主要特色 ——「以嚴辨
　　　　　人禽異類為先，而突顯人道，強調內在的

目
次

端始本原」;「就心之感應生發和悅好理義
的純粹直接以指證性善」……………… 63
　　　　四、孟子辨類之進一步闡釋——析論其辨類
　　　　　　方式不同於西方知識傳統，闡明其論類的
　　　　　　精確意義和精神涵量 ……………… 70
　第三節　結　語 ………………………………… 78
第五章　唐君毅先生對孟子之心與養心工夫的詮
　　　　釋 ……………………………………… 81
　引　言 ………………………………………… 81
　第一節　孟子「心」之涵養與工夫特色——純善
　　　　　無邪與簡易直截 ……………………… 82
　第二節　心與感性欲望的關係——論證心初不
　　　　　與耳目食色之欲相對反 ……………… 88
　第三節　綜結孟學易簡之故，並論「覺」與「誠」
　　　　　………………………………………… 91
　第四節　比觀牟先生之「逆覺體證」 ………… 96
　第五節　總述唐先生之論孟學工夫，並申論工夫
　　　　　境界之型態 …………………………… 101
第六章　唐君毅先生對孟子之「性」與「命」的
　　　　詮釋 …………………………………… 107
　引　言 ………………………………………… 107
　第一節　中國先哲論性之原始方向與基本進路—
　　　　　—重塑今人對中國「性」字的理解 … 108
　第二節　孟子特就心以言性之理由——由「以生
　　　　　言性」到「即心言性」 …………… 112
　第三節　論孟子即「心之生」以言性——心與生
　　　　　之辯證的統合 ……………………… 118
　第四節　孟子「立命」之涵義與「盡性立命」 … 120
　第五節　餘論——「性命對揚」的檢討 ……… 127
第七章　結論與明志，兼述唐先生之論孟子政教
　　　　精神 …………………………………… 131
　第一節　唐先生論孟子政教精神 …………… 131
　第二節　唐先生孟子詮釋的特色和貢獻，附及我
　　　　　們的創獲 …………………………… 137
　第三節　借詩以明志——品析先賢三首詩詞以
　　　　　表三層境界而契於唐先生之孤懷 … 143

參考書目 ………………………………………… 147

第一章　緒　論

第一節　研撰動機與目的

　　余少嘗感動於自然風光和中國文學、藝術之美，風誦於論孟和古文，猶痛心於百多年來中華民族所遭受之屈辱，內憂外患之交相繼來，終至花果飄零，遂衷心關懷中國文化之前途，油然而生鑽研國學精神以拯衰救弊之志。

　　其後接受哲學訓練，因緣讀及唐君毅先生《人生之體驗》、《道德自我之建立》、《愛情之福音》諸書，契合讚歎之餘，乃廣讀其論文化和中國哲學諸大作，而見廟堂之富美，深受感發提昇，衷心景仰，余少年以來之情志於焉暢通。是有余真實生命心靈之交契與恆遠、普遍之企嚮在，而遊乎其中既久，遂思於此基礎上作更深入、精確之探究。

　　唐先生以「當代新儒家」名聞於世，其哲學「博大圓融、無徑可循」，綜合中西印，貫通古今，深入古聖先賢之哲學心靈，儘如實契會而屢出新意，非僅創立其「生命三向與心靈九境」〔註1〕之龐大體系，更依「即哲學史以言哲學」或「本哲學以言哲學史」的方式〔註2〕，全面疏釋中國哲學，抉發出恆遠價值，並賦予時代意義。從中我們宛如看到了先哲的生命精神就在眼前，也好像看見了唐先生豐富、醇厚的心靈之音樂般的律動，層層轉進、升高，下學而上達，

─────────────────

〔註1〕詳見《唐君毅全集》，卷二十三、二十四，《生命存在與心靈境界》（臺北：臺灣學生書局，1984年全集版）（以下所引《唐君毅全集》各卷諸書，皆同此學生書局全集版）。

〔註2〕此種方式，唯是即哲學思想的發展，以言哲學義理的種種方面，與其關聯者。說見《唐君毅全集》，卷十三，《中國哲學原論・原性篇》，頁6。

終至卓絕而純淨，令人不得不讚歎「此曲只應天上有，人間那得幾回聞」！就這樣的，生命的病痛一時代爲雲煙，存在的意義得到了治療〔註3〕，而中國哲學的諸義理範疇也須釐清的釐清了，要展現的展現了，該歸位的歸位了。

然而，深入唐先生哲學堂奧而闡之精確、呈其真實面貌之學術論著尚不多見，其光輝乃似有被掩蓋之勢，豈只可惜哉！故欲竭余不敏之資，不揣固陋以發皇之。而唐先生既以孔儒爲歸宗，其對孔孟所代表的先秦儒家之論釋和所抱持的觀點，就了解唐先生及先秦儒家之哲學思想言，自然皆佔有非常重要的地位。尤其，唐先生大致透過宋明新儒學（以孟學爲主調）以上契先秦儒家，再經調適而上遂，以求更得其實，則其對孟子精神思想之契會與詮釋自更舉足輕重，何況唐先生自早年至晚年正有一系列專論孟子之文，可較方便察其思想演變之跡，余遂由此著手研究。僅望由此，確切展示唐先生之先秦儒家哲學觀，一則以助吾人理解先秦儒家哲學，二則以深觀身爲當代大哲的唐先生之哲學心靈與觀點，以提昇和豐富吾人之生命，並得略窺唐先生哲學思想的發展之一斑，亦或可提供有志進一步研究當代新儒家論釋特色者的參考。

第二節　研究方法與進路以及限制

透過唐先生文中自述、年譜、著述年表以及學者或其朋友、弟子對其思想轉析、分期的探究或敘述，以大體了解唐先生的學思歷程，凸出其儒學觀，尤其是先秦儒家觀和孟子的重要地位，作爲論述時整體的參考背景。

主要論述的實際進行，乃先取唐先生各階段對孟子精神思想之契會與詮釋的代表性文獻爲核心，環繞之以作深入的闡述或解析，進行掇要概括或綿密的分析辨明，顯示其中思維或表述之音樂般的律動以及綱領脈絡和隱微涵義，闡明其豐富的義理見解和精神契會，間亦引申其義或作辯證反省，點出其間可能隱藏的問題並試圖解決以圓其說，終而使其所持觀點和可能歸趨宛然在目、屹立不搖。其對其他先秦儒家、宋明新儒學或甚至他家學說的看法，

〔註3〕林安梧先生曾以「意義的治療學」論述唐先生的哲學，說見《唐君毅思想國際會議論文集（II）》（香港九龍：法住出版社，1990年12月初版），〈邁向儒家型意義治療學之建立——以唐君毅《人生之體驗續篇》爲核心的展開〉一文。後收入林安梧：《當代新儒家哲學史論》（臺北：明文書局，1996年1月初版）。

亦有時相較地出現於其間，循跡可得一二，必要時也不排除綜述之，以凸顯其中較富創造性或啓示性的論點。

　　其中，解析和闡述乃先依隨唐先生諸文的發展脈絡以進行。如：當其依「哲學中的科學方法」（邏輯、語意分析和歸納）或「發生法」以進行時，則張目舉綱、撮其要以論述；當其作「純理的推演」（演繹）時，則抉發其推演過程以說明；當其依「直覺法」以顯發生命精神之契會或依「辯證法」以升進時，亦回到余生命之直覺以反省，或隨其辯證以升進；當其作「比較」、「批判」時，更審辨以勾勒出其宗旨和立場。凡此皆不時貫注以「超越的反省法」，而亦或運用康德實踐理性和思辨理性之劃分於其中〔註4〕。

　　經由上述方法，一階段一階段地解析和闡述唐先生對於孟子的詮釋代表作，而在進行中，也對照較前階段的詮釋，指出較後階段承襲於前或發展、轉變之處，並加以綜合貫串，理出其間的思想線索。如是相互配合，使唐先生對孟子精神思想的契會歷程和見解要義，得以清晰地顯現出來，亦兼得略窺唐先生思想發展之階段脈絡，而注視於其晚期圓熟的孟子哲學觀，涵泳在其獨到的見解和豐醇的心靈中，亦偶或隨機略辨其與近代他家詮釋之異同。

　　不過，唐先生體大思精、綜攝百家，且其論往往透過多家之比觀以互揚互顯，今徒萃取其孟學以論述，總不免掛一漏萬、難窺全豹。吾人雖已先勉力敘述了其整體思想之大概，可以爲參核背景，亦有時採取先哲之義理洞識或精神涵量，以相印互證，而又遇會之以誠，用心耙疏、細微分析，偶有所契和新見，然以學力有限，終難語夫善紹先生之志以繼唐學於天下後世之一巨擎也。

第三節　綜述各章問題與要旨

　　首先，第二章處理唐先生整體精神思想之背景的問題。我們整理了唐先生曲折的成學歷程，看他如何一再突破、超升，看他終於體會自己最純樸惻怛的初心之意義，以及領悟客觀世界的意義，從而回到儒釋，歸宗孔孟，就如某些中國古代大哲一般。他不僅看到了西洋哲學與文化之好的一面，更看清了西洋之沉落與不足，了解到東方智慧的博大高明，由此我們當可領悟其精神思想的大方向。從這裡，進一步凸出其眼中東方大智慧之一的儒家之勝

〔註4〕　此諸方法可參見《唐君毅全集》，卷二十一，《哲學概論（上）》，第一部第九、十兩章〈哲學之方法與態度〉。

義，更概觀了其對整個先秦儒家哲學的大致見解，而指出孟子之關鍵地位。由此，我們便針對唐先生孟子的詮釋，分別就各方面，展開一系列有系統的研究，至於其他先秦儒家部份，則或隨文附及。

接著，第三章處理唐先生究心孟子之經過和歸趨的問題。一開始便拈出唐先生晚年忽有所契會於孟子學的精神核心乃在於「立人之道」，也就是「興起一切人之心志，以自下升高，而向上植立之道」，自認此足貫通歷代孟學三大變中的義旨。接著我們即指稱此契會雖說是忽然得之，實則乃唐先生以其超邁的學思，披荊斬棘，真積力久，始融會貫通、水到渠成而來。於是，透過唐先生前後各時期有關孟子的詮釋代表作，進行撷要概括和分析辨明，理出了其間的思想線索和隱涵微義，尋得了前後相因或轉變、發展的軌跡，並加以綜合貫串，顯現其對孟子精神思想的契會歷程和見解要義。我們的指稱，遂得以證實，而於唐先生思想發展之階段脈絡亦得略見也。

其次，第四章針對言辯態度和表達特性及思維邏輯、心靈向度的問題，其中討論的實質對象，由外王面之奮鬥一直到內聖面之歸止，皆在範圍裡面。於此，我們深探了唐先生有關孟子言默與論辯之態度及言性說道之方式的詮釋，進行較綿密的分析辨明，並經過綜合貫串以呈顯其間的思想線索。如是，闡論了唐先生豐富的義理見解和精神契會，由此獲得啟示，再經層層辯證反省和引申，終達到對孟子心靈向度或思維方式以及表達特色之更高的理解。

此中，唐先生認為孟子之言默態度乃承孔子而兼重言與默，並特重修身造道之默行或默教，概略言之，亦即：一者，視言辭只在達到心意之交通，逾此即宜歸於默；二者，適時不與爭辯、不屑教誨，此亦是一種「歸於默」以自省或教人的方式；三者，重視修身養性以事天之默行，而相應於天之流行不言或「默識心通，以歸至約」之義旨，這第三點我們說即是從「道德實踐」的面向，以示其「默行」中涵具與天合德的宇宙意義或安身立命的人生歸向。如是，誠有時當默，然有時為達心意之交通而亦當言，甚至出之以論辯的形式，凡此皆當歸諸「君子而時中」的原則之下。而孟子曰：「予豈好辯哉？予不得已也。」那麼，在怎樣的情況下，不得不訴諸論辯呢？唐先生即採取與莊子排遣論辯以歸忘言止辯相對勘的方式，樹立孟子論辯的兩大類型及其莊嚴合理性。此兩大類型即：一、為去除對人（如古聖賢）言行志業之誣枉之辯，也就是崇敬篤信於價值人格典範，而為其去除誣枉以使他人如實了解；二、為義理自身之是非之辯，也就是一心向在義理，力圖挽天下之狂

瀾邪說，而不惜汲汲辯明，望義理之整全正是者得爲人所知，以去人之成心或偏蔽陷離，而自正其心。至於其合理性，則在於此兩類論辯皆出乎莊嚴恭敬與敦厚不忍等道德心之不容已，以運是非之心者，亦欲救亂世而不得已也，並非如莊子所排遣的蔽於成心、有所不見而騁辯以爭勝和壓服制人者。循此，我們還略進一步補充說，這不是權力意志之表現，更非逢迎或屈從、蒙蔽於威權而爲統治階級服務以行辯護或鉗制異議者。我們也更指出，或許莊子未能相信人間有非出於成心或不見的辯論，但此或只顯示主觀上的不相信，或只是對既存現象的一種觀察、感受與判斷，而不能顯示出客觀義理上的必然性，況莊子亦有其辯，而孟子之辯亦正可爲超越成心之辯論的見證。總之，孟子之辯不僅可無礙人之各自逍遙，更能無憾於承擔之仁志，且有所本於其對人心同理同而皆能心向義理、入孝出悌的深信，故莊子辯破忘言之教雖對心病偏執太甚者爲不可廢，然孟子捨我其誰、力辯以立人之道德擔當，乃更有其不離日用常行之極高明而道中庸的順成勝義在，且誠天下有道，亦將不辯無言而歸於默焉。孟子之辯，其歸趨在於藉浩然氣概與知言，使人明心知理而興發性情以自得自立，其本源則在於道德心之不容已，仁義禮智之源泉滾滾也。

　　又此中，我們整理了唐先生有關孟子言性說道方式的論述和詮釋，得出孟子表達或言說方式的四個特色——「通過辯難以自立」、「更兼有實踐目標」、「先嚴辨人與禽獸異類，以突顯人道，而強調內在的端始本原」以及「直就心之『無所爲而爲的直接感應』和『直接的自悅理義而自安處』以指證性善」——其中後兩點較具代表性，尤以第三點爲最，但三、四點也緊切相貫，因皆有所根據於性情心。此外，唐先生更先後側重從靜態面和動態面，分辨了孟子人禽異類和聖人與我同類的意義之與西方知識傳統下的類概念間的差異。認爲西方式的辨類，純爲邏輯或知識觀點上的分類，故作爲小類的人類便與種種禽獸之類皆屬於動物之大類，而可說人是動物，但在孟子則無「人是動物」之可說，其辨人與禽獸之別，只重此幾希之不同處（四端之心），換言之，只注重人的獨特性、道德性，那人之所以爲人的尊貴價值與意義之所在。更且，這樣的人類之性，乃面對聖人理想而言其由此內在自存的幾希、四端可動態地發展擴充成爲完滿而同於聖，故雖有一基本方向和內容以爲端始本原，但並非一固定不變的性質，要在操存之、充盡之耳。如此以言人性，已遠遠超越經驗知識之類概念的框限，非出乎一般知識的態度，而主要是一

價值自覺、道德實踐或人格教養的進路也。我們還承此作進一步的辯證反省和分析，闡明了孟子論類的精確意義，烘托出背後的道德涵量和精神深度。我們認為，在孟子，除了「價值上」的人禽類別（姑且稱之為「特殊的類概念」）之辨外，當仍有「一般自然經驗形氣上」的人禽類別（可稱之為「一般經驗的類概念」）之分，只是後者非其所要強調的重點所在，其或順具體存在之生命歷史經驗而自然肯認、預設之，或取之以為興發「人非禽獸之類而可同於聖者」的人格自覺之一淺顯易明的媒介罷了！故孟子所稱「同類之人」，其較精確的意義當是泛說「具體存在的整個生命人格」，亦即，綜合了人之形體、情感、意志、思想、良知良能等等一切經驗形氣與理性心靈所構成或所展現的「整個立體存在的生命人格」，此乃以「本心之創生不息」為核心義涵而立體地縱貫上下、統攝形身，並非橫面平鋪以說之者，故仍可有上下層次、本末輕重之分。這也符合唐先生合「心」與「生」以釋「性」並強調孟子「以心統生」而就「心之生」以言性等等的說法。此外，我們也指出，孟子雖讚嘆聖人之出類拔萃、敻異古今，然孟子並不說「此聖凡之相異即在於其類不同」，而仍說「聖人之於民，亦類也。」可見孟子之論類，含藏著對人的絕對同情，但同時又無礙其提振興發人們的超越嚮往或實踐努力。孟子背後的心量是多麼的恢宏深遠，而印證了其所言「反身而誠」、「上下與天地同流」的境界呀！

由此，我們可以歸結孟子心靈向度或思維方式以及表達特色之精微根柢，乃是一種守先待後、對一切人永不絕望而堅持其性本善之「出乎高卓而恢宏的道德宗教境界之超越的肯定」，不容許把任何個人看作"根本"與我和聖人異類而原較低等，以免在其間設限了一道無法逾越的鴻溝或關卡，這樣一來，便使成聖的可能對每一個人永遠保持開放。這是一種無限的溫情和敬意，既謙遜博大又弘毅崇高，乾健而坤順。其他性善的論證或辯難，在此意義下，都是為此「道德理想」或「實踐目標」而設，只是提供現象界裡道德心靈的事實例證或符徵，作為人性本善的理論性說明，輔以增強人們的信念，提振人們成聖成賢的心志罷了！故善觀者，當觀孟子文字所洩漏之心靈涵量與精神深度，始知此等論證之成立與否皆無礙於孟子之所以為孟子，而信心不二、不二信心也。

再者，第五章探討「心」這一舉足輕重的義理概念，及與此相連互生的工夫和境界問題。於此，我們擘析了唐先生對孟子之心與養心工夫的詮釋。

唐先生以諸家對照的模式爲背景，以呈顯「心」之概念及相應而有的所以成德之道等等的差異，相對於墨家之「知識心」、莊子的「靈臺心」和荀子的「統類心」，而拈出「性情心」（「德性心」）的概念以解釋孟子所謂的「心」（〈原心〉）。此性情心乃直接對當前之境創闢開發、無所滯留而直感直應、表裏洞然者，涵惻隱、羞惡、辭讓、是非之情，而爲仁義禮智之德性所根，亦即爲人之德行或德性之原者。此種心從其內部而觀，自是純善而無私邪，至於所謂私、不善與惡，只是心之不存而喪失，故此心只有在其位而存或出其位而亡兩面，並不與私欲私心邪心等相對反而言。由此，唐先生大力論說孟子養心工夫的要點只在正面地依四端之心之流靈生起處以擴充、直達出去，醒覺地持守保存、續繼不斷，使充塞生命心靈，貫徹於所感的事物中，故實簡易直截，而不似宋明儒重反省地對治種種人欲等負面者之多曲折、加邃密，之正反工夫雙管齊下。

然近年袁保新先生透過對孟子「身－心」結構的重新分析，認爲唐先生純以道德本心說孟子之心，恐過於簡化，而在「道德心」外另提出「實存心」，指涉「人在常態生活中載沉載浮的行動自由決意的主宰機能」，以此說明心何以會不思而純任物欲。故我們簡略作了探討，肯定其理論價值，點出古今類似而可供比較研究的名詞概念（如朱子之「人心－道心」），並進一步從道德實踐的要求之面向，指出「實存心」如何應合於超越的眞實和理想以避免成爲墮落的藉口一問題，以供思考，而歸到人之所以性善和爲不善之理論性說明並不那麼重要，相反的，性善之最關鍵、最直接有力的證明，繫於我們之實踐力追孟子的心靈境界。是則唐先生對孟子之心的詮釋縱或有不完備處，亦只要略微補充調適即可，然語其對孟子大本精神和根本方向的掌握和闡發，則切盛矣。

又唐先生也強調孟子此心亦初與耳目食色之欲不相對反，我們即試圖從工夫理論之融貫性的角度說明唐先生何以要強調此點，以及邏輯地分析唐先生乃分從消極面與積極面論證了此點。

此外，唐先生再綜結孟子言修養工夫與爲政之道所以如此簡易的關鍵，乃在於其言心是直就心之對人物的感應之事上說，亦即此心初乃一直接面對人物而呈現出之心，初非反省而回頭內觀者；並透過解析孟子之「覺」與「誠」，以更顯其與《大學》、《中庸》及宋明理學之異處。唐先生認爲孟子所謂「覺」，不必是反觀內照之自省自覺，更非矜持造作、強提把捉者。我們依其說詮解

此覺乃「明覺而無明覺相」，重在據昭明感通之心以充擴開展於所感所應的生活世界而興發人、醒覺人。而所謂「誠」，則唐先生以為孟子說誠乃初不與偽妄對，故後來大學說「毋自欺」是誠，中庸由「擇善固執」言「誠之」，伊川說「無妄之謂誠」，皆是進一步由反省以出之發展。我們亦據唐先生之解析，將「反身而誠」詮釋為「原可備萬物之我，順其與外相感應之事中所流露呈現的惻隱不忍等四端之心，而專心致志向於此事以求其中之心的貫徹，使此心回返到我自己生命之中位大體，而正位居體，以主宰乎耳目食色之小體，形諸具體生命行為」之工夫歷程，而認為此歷程「求諸內而形諸外」，雖可涵蘊「返回頭來自覺內在本性」一層義，甚至引而申之亦可廣及「內省自察真妄」一側面，然初仍主要是一健動的正面去盡心的工夫歷程，只須人能去「直下承擔」此呈現的自善之心，主一之而不他適，貫徹到底，初不待先反省辨明善惡或真妄，再由對立中擇善真去惡妄也。至於孟子所謂的「不誠」與「思誠」，則唐先生各解之為「未誠」（未正面地盡心以力行道義之事，未能篤實展現或踐履本心善性以致己身於誠或以使人感通而動）及「充達此心以繼誠」（直順當下直接感應流露的四端之心 —— 天道所存之誠者 —— 以充擴、續繼發明之於臨在的生活世界，不教殘賊餒害）之意，而與上面的詮釋達到一貫。如是唐先生雖相當肯定學、庸與理學承接發展了孟子之教，也明說孟子之心有諸內而形諸外可通於《中庸》合內外之義，但還是將孟子的盡心工夫歸到「只在一當前能使心與事相孚，全幅精神在事上，此處盡心便是誠」，而試圖還其本來面貌地強調其與學、庸、理學之有異。

順唐先生此對孟學工夫的詮釋說法，我們還比觀了牟先生之「逆覺體證」（附及「頓悟朗現以大定」的積極工夫），認為兩者雖在「回頭內觀以自覺自證」的意味上濃度略異，於存養擴充的工夫之強調的程度也稍異，然大抵仍可相容一致而同歸於「性之也」的理想，並各有勝出。且或可說唐先生此處之說，大致介於牟先生「逆覺體證」與「頓悟朗現以大定」之間，而略與後一項為近；唯此後項可說較突顯形而上的本體之普遍全幅意義的頓然覺悟朗現，而唐說則較著重本體流露化融於一一具體之事而放平，並順之平平實實勉力勿忘以繼續充盡的歷程。若再相較於宋明理學家，則唐說似頗近於明道與象山，並有所承於橫渠「繼善成性」和船山「命日降，性日生日成」的精神，而通於易教也。其中，我們也分析孟子所謂的「思」，而綜合得：此思乃樹立身為人之生命大本的內在仁義禮智之心的一種關鍵性功能，它自然是道

德實踐理性中之思，具有醒覺體悟內在本體的作用，但也可進一步說，具有繼續保存或發明、展現此心之本體（誠者、仁義禮智之心）而充達之的作用。故要說孟子「思誠」之「思」含有某種「返回頭來自覺內在本心本性」之義可，要說此「思」蘊涵一種「心之醒豁狀態中直要發明、充擴此心自身以繼其誠」之義亦未嘗不可。如此，唐先生之孟子工夫的詮說，在義理訓詁上便仍可得到支持。

不過，若要嚴格界定說孟子學完完全全是正面直養的工夫，毫無任何反觀自覺或自察自省者，則我們亦覺難安，例如孟子說「養心莫善於寡欲」，就似乎有對治的意味，又如孟子「人禽之辨」，不也有某種價值類別之對照區分的反觀省察在裏頭？所以，我們覺得唐先生之論的本義當只在強調孟子言心和工夫之"主軸重心"或"大本精神"爲正面之興發和存養擴充，非謂在孟子無「超越的逆覺體證」之工夫可說，亦非謂孟子毫無「是非反省以擇善抑惡」之功，且此亦有唐先生自己的言論可爲印證。總之，唐先生非常有力地凸出了孟子之心的特徵及養心工夫的特色，也作了大致一貫的詮釋，充滿啓發而興人之心志也。

除此，我們也借唐先生仁義之自命即外命即天命之天德流行境的說法，以解說充達此心的歷程中即有「絕對的普遍性」在，若天機之發露流衍，則集義、存養，常置天機流行中，一旦純熟自可體見我心與天心之一如，故「何以能充類至盡？」、「何以盡心便得知性知天？」等問題即可得一善解。我們更勉力把所涉及的德性工夫形態和境界大致歸納成數個層次，並試圖貫串起來。此數層約略從淺近到高遠，由人爲力勉至神妙自然，也大致符合孟子所言由善信而美大至聖神之成德歷程。此歷程前後一貫，上下一理，要在「居仁由義」而「存養擴存」以續繼不斷至於無窮而已。且人和情勢既有多樣，故工夫法門也當有多端以因應各別成道之需，故不必太執著其高低、先後也。此數層工夫之歸納貫串，爲我們勉力得之，僅以就教於方家先進。

再其次，負擔內在的生命心靈之存有等等的「性」範疇，以及經常與「性」緊切相連出現或爲吾人經常遭遇面對的「命」概念，其存在意義或價值意義爲何？彼此的關係及與「心」、「天」等的關係又爲何？第六章即面對孟子學中的此等問題，探討唐先生之詮釋。

唐先生先釐清中國先哲論人性的原始方向或基本觀點，重塑今人對中國「性」字的理解，以契入孟子言「性」的路向。其要即在破除今日流行的以

看待客觀有限存在事物之一定的「性質」或「性相」一般去看待「人性」的思維模式，換言之，不將人性推置於自己生命之外以有限化之、固定化之，而使我們能從生命內部之動態實踐發展的角度以了解所謂的人性。此乃就人面對天地萬物及內部所體驗的人生理想，而自反省此人性之為何，連及天地萬物之性之為何，是則雖有往以遭遇世界，而恆返回生命心靈以見其自身的生長方向和可能性，這可說是一種直接面對人性而論述之的方式。故唐先生簡要歸結中國先哲之論人性要在「面對人之恆寂恆感之心靈與自無出有之生命自身，而論述人性。」也就是「即心靈（心）與生命（生）之一整體以言性」，故形物、神靈之性，皆非其所先。

由此，唐先生強調了孟子之性乃特重「性」字之左邊的「心」，也就是「心靈」一面，而「由心以統攝生」，不似告子依循傳統「生之謂性」（即「就具體生命生長變化發展之所向以言性」）說而自可著重從「自然生命之欲」以說人性者。此中，唐先生分別從心對自然生命的涵蓋義、順承義、踐履義、超越義四個面向說明「心能統攝生」而反之則不然。這仍是把握住心對欲的義命之鑰，不從平列的觀點看「仁義理智之心」與「自然生命之欲」，而試圖融價值層次、存在力量、字義訓詁及概念發展於一爐，以解得孟子何以定要「即心言性」以代其前之「以生言性」。由此看，孟子之性乃如上所說的「就人之面對天地萬物和內部所體驗的人生理想，而自反省人性為何」之所得的一種理想性、最初或最終之體性與價值性。

繼而，唐先生更闡明孟子之即心言性乃是即「心之生」此一意義以言性，換言之，乃就心之「直接感應」而出之惻隱、羞惡、辭讓、是非等四端之心之「生發現起」、「相續生長」而「自向於其擴充」以言性。從此側面看，孟子之性非西哲所說性質、性相之性，而是就心之動態的發展或者「心之化為現實的歷程、趨向或幾」所說的性，亦即約略如上所說的「面對人之恆寂恆感之心靈與自無出有之生命自身」而論述的人性，故性日生日成也。如此，心與生辯證地統合起來。

綜合言之，依唐先生之見，孟子說性善，乃從人的心靈生命本有仁義禮智的理想或嚮往，而表現於四端之心的流露、顯發、充擴之生生不已的「趨向」上，所說者。故為統合即理想而言的體性與價值性，以及趨向性、幾性、生生之性，而說的性也。

至於孟子之「立命」，則承孔子之「知命」而來，其別只在「立命」乃就

吾人自身先期之修養上說，而「知命」乃就人當其所遇之際說。唐先生認爲此孔孟所謂「命」，並非直指吾人所遭遇的某種限制之本身，而唯在此限制上，所啓示的吾人之義所當爲，而若令吾人爲者，才是命之所存。「唯以吾人在任何環境中，此環境皆若能啓示吾之所當爲，而若有令吾人爲者，吾人亦皆有當所以處之之道，斯見天命之無往而不在，此命之無不正。」是則或「即命見義」（小體之求而不得時）或「即義見命」（大體之求而必得），皆見即外命即天命即自命，而既是自命，則能反見自己眞正的本性所在，亦能見其即所以存養擴充我之性也，是則君子處一切境，皆能「無入而不自得焉」。此盡性立命之境矣，亦天德流行境也，天道性命打成一片。另外，我們檢討了唐先生對孟子「性命對揚」的詮解，稍爲其排難解紛以釋吾人之疑。

除上所述，唐先生對孟子王霸之辨或言政與教化精神亦有高致動人的會悟，強調孟子此外王面「亦不外使人向上興起其心志之義」，而通貫於其對孟子內聖學的詮釋。唯此中提攜精神氣槪、興發教人之意多，而言詮較少，故只於末章兼述之。於末章，並概括點畫諸先哲心性工夫、知天立命一路之學，以爲背景，而勾勒唐先生孟子詮釋的特色和貢獻以及我們的一些創獲，以爲本論文之結論。最後，抒余之感懷心志，並借品析先賢三首詩詞以表三層境界，而契於唐先生之孤懷。

第二章　唐君毅先生之成學歷程與先秦儒家觀

第一節　峰迴百轉，回到儒釋，歸宗孔孟

　　唐先生是一早慧的哲人，於三十歲左右便已歷經諸思想階段，披荊斬棘，趨於成熟，而由西方唯心論（德國理想主義）承接至東方哲學，領悟到先秦儒家、宋明理學、佛學又有超過西方唯心論者之處〔註1〕，終歸於超越現實一切的道德自我或者說良知、價值意識的絕大肯定〔註2〕。其後基本上乃自此立

〔註1〕參見《唐君毅全集》，卷五，《人文精神之重建》（以下簡稱《人文精神之重建》）（臺北：臺灣學生書局，1984年全集版）（以下所引《唐君毅全集》各卷諸書，皆同此臺灣學生書局，1984年全集版），頁566～572（尤其頁571）。

〔註2〕參見《人文精神之重建》，頁584～585。其中有云：「這一切活動（包含純粹求知活動）與其所發現之世界，則共統攝於人之超越自我……此自我，不僅肯定科學的純知活動，與其成果之價值，亦肯定其審美之活動、實際行為之活動、宗教信仰活動與其成果之價值。即它超越的涵蓋持載此各種活動與其成果，而承認肯定其價值。而個人之能在原則上，或在特殊情形下，判斷此各種活動與其成果之價值之高下，決定選擇那一種，亦即此自我之價值意識，或良知。」又《唐君毅全集》，卷一，《道德自我之建立》（以下簡稱《道德自我之建立》）頁21，〈自序〉說道：「本書……義蘊則相流貫，互相照應，以表示一中心觀念，即超越現實自我，于當下一念中自覺的自己支配自己，以建立道德自我之中心觀念。」另外《唐君毅全集》，卷一，《人生之體驗》（以下簡稱《人生之體驗》），頁3～4，〈重版自序〉也說：「十多年來，我個人在學問知識方面，當然有增加，有進步……但是對人生之基本觀念，則十多年來，並無變遷……我近來寫文，較喜談一般社會文化問題。為了反抗唯物主義，極權主義，恆不免意態激昂；但實際上，仍是以此書所透露的對人生的柔情，

根而逐漸擴展，更積極嚴肅面對各種客觀的社會文化問題，更肯定宗教的價值及認識儒家中的宗教精神〔註3〕。直到晚年綜攝闡釋整個的生命與心靈之各種表現形式〔註4〕，創立心靈九境的系統〔註5〕，完成究竟志在成德的超越唯心論〔註6〕，達到「對東方與西方的空前全面的綜合」〔註7〕，雖不以為道德

為一我所說一切的話之最深的根據。」此對人生的柔情，即道德自我之性情也。

〔註3〕參見《道德自我之建立》（其中之〈重版自序〉），頁4～5；《人生之體驗》（其中之〈重版自序〉），頁3～4；《人文精神之重建》，頁571。

〔註4〕參見《唐君毅全集》，卷十三，《中國哲學原論‧原性篇》（以下簡稱《原性篇》）及《唐君毅全集》，卷二十三，《生命存在與心靈境界（上）》（以下簡稱《生命存在與心靈境界（上）》）、《唐君毅全集》，卷二十四，《生命存在與心靈境界（下）》（以下簡稱《生命存在與心靈境界（下）》）。

〔註5〕參見《生命存在與心靈境界（上）、（下）》。

〔註6〕參見李杜：《唐君毅先生的哲學》，頁115～119。這是從超越的反省上去了解心靈的意義，其中說道：「人的心靈則常在其活動所對之上而為一超越的存在……所說諸境從分別的觀點上說，雖可說其是如何如何的境，由其所展現的知識的性質為何，各知識的依據為何，但它們皆在人的心靈的統攝中，而為人的心靈不同的表現，亦為人的心靈自己反省與觀照的內容。」（頁116）又說：「唐先生雖將人類學術皆歸本於人的心靈，以心靈統攝一切，並超越於其所統攝者之上，但他並不以為我們可以只由反省，或只依心靈所具有的活動能力，而無須從事經驗的探求，即足以成就學問……他只是主張人的心靈可統攝人所知的一切而超越於所知之上而從事不斷的開展。但此開展須藉著人各種不同的生活活動完成。……故唐先生所主的超越的唯心論是依心靈的活動與事物的必然相應而不可分上說……唐先生並不主張萬物或自然世界由心靈所置定，或為心靈所客觀化，或為心靈所創生，而是主心靈與世界並存，世界為心靈所了解而成其不同的觀照的境界，而成就不同的知識。」（頁117～118）更說：「從此一觀點上說，由人的超越的心靈所肯定而開展的九境應無高下的分別，而皆可為此心靈所肯定與開展以建立不同的知識，或展現不同的境界，而皆有其不可移易的意義。但唐先生並不安於此一純智的心靈了解中，而是要『攝智歸仁』，以成其學在成德的意旨。故……於展示各境的涵義之後，皆將其關連到人的生活上去，以說明其在生活上所表現的意義……另一方面則說明其不足所在……以顯示依儒家成德之教可為人最後的安身立命所在的意義，以成其所說『一學一教之道』。因此，由人的心靈的最後表現在成德而不滿足於純超越的了解上說，我們如說唐先生是一唯心論者，應說他為一德性的唯心論者。此一對道德心靈的重視，近似於康德的首出道德理性的精神，亦為東方尤其為儒家精神的歸向所在，而亦為唐先生一早即把握到的主要觀念。」（頁118～119）

另外，陳特先生則不主張以「唯心論」稱唐先生，也指稱唐先生在心靈的「超越」義外，同時強調「感通」義。然究其實義，並未與李杜先生所解說相背反。略引述陳先生之說如下：「唐先生特別指出的是，一切知識世界、藝術世界和道德世界，皆是人的心靈與環境感通的結果，這個意思即是說，不能離開心靈主體來說一客觀的外在世界，因為沒有純外在的客觀世界。但唐先生並不是唯

自我本身或道德理性的分殊表現即能全盡整體生命心靈之所有義涵〔註8〕，但仍是「以道德的理想爲歸宗而顯示『學在成德』」〔註9〕，或者說，雖博通中外古今、兼究老釋耶回，然其一生仍以孔孟性命義理之學爲最高期向〔註10〕，其核心與歸向所在，並不離他早年三十左右的領悟與嚮往〔註11〕，甚至可以

心論者，因爲他同時又說不能離開世界來說心靈，因爲沒有離開世界的純心靈。這即是說，心靈與世界是在互相感通中共同存在，如果沒有感通，就無所謂心靈，也無所謂世界。……世界不是心的變現……心也不是物質或世界的變現……海德格只強調『此有』的超越義，而唐先生則不但強調心靈的超越義，同時也強調心靈的感通義。惟其能感通，所以能開放自己而不受現實的我所限制，所以能超越，心靈是在感通中超越。有無限的感通則有無窮的超越。……人在直感其活動相續不窮時，同時即直感超越於一切已有的活動之外，還有由無而出的活動；人在活動繼續不斷由無而出時，同時就直感到這些活動和以前已出現的活動皆出於我們的心靈或存在主體。」（陳特：〈心性與天道——唐君毅先生的體會與闡釋〉，《鵝湖學誌》第17期，1996年12月，臺北：東方人文學術研究基金會，頁80～82。）又：「唐先生喜歡用『境』這個比較古雅而不意含純外在性的詞，境不離心，心也不離境，心靈活動有不同的方向和形式，由這些不同方向、不同形式的活動可以感通到不同的境或不同的世界。因此不只有一個境或不只有一個世界。」（同前，頁89。）

還有，葉海煙先生則認爲若以唐先生爲「超越的唯心論」，則須釐清「唯心論」的眞正意義。他說道：「唐君毅所倡之心是純然的精神體，它是活動的、明覺的、創化的，而且能生萬法的，這是就心的終極義而言。在心的廣大作用下，心的面向乃有多元的呈現，它至少包括德性心（孟子）、知識心（墨子）、虛靈明覺心（莊子）與統類心（荀子）。如此看來，唯心的『唯』義就不是有所揀別而有意凸顯之義。肯定心的超越性徵，當可指明唐君毅努力完成龐大哲學系統，並由博返約的用心。」（葉海煙：《道德、理性與人文的向度》，臺北：文津出版社，民國85年1月初版，頁107。）

〔註7〕 吳森〈中國大陸之外的中國哲學〉一文之語（《中國哲學史研究》1986年第2期），見韓強：《現代新儒學心性理論評述》（瀋陽，遼寧大學出版社，1992年8月初版），頁166。

〔註8〕 參見李杜：《唐君毅先生的哲學》，頁38～40。

〔註9〕 李杜：〈對唐君毅先生的哲學的不同稱謂及不應有的誤解〉，《唐君毅全集》，卷三十，《紀念集》，頁341。亦見李杜：《唐君毅先生的哲學》（第10章第5節），頁135。

〔註10〕 參見李杜：〈敬悼吾師唐君毅先生〉，《唐君毅全集》，卷三十，《紀念集》，頁335～336。該文亦收錄於李杜《唐君毅先生的哲學》之〈附錄〉四。

〔註11〕 參見李杜：《唐君毅先生的哲學》，頁119。又唐先生《生命存在與心靈境界（下）》之〈後序〉即有言：「要之，吾今之此書之根本義理，與對宇宙人生之根本信念，皆成於三十歲前」、「吾於三十歲前後，嘗寫人生之體驗與道德自我之建立二書……其行文皆極幼稚而樸實。然吾自謂此二書，有一面對宇宙人生之眞理之原始性，乃後此之我所不能爲。吾今之此書之規模，亦不能出於此二書所規定者之外……至於此後三十年中，吾非無所用心，而知識亦儘有增加。

追溯其根源到幼年憂慮地球崩裂而世界毀壞的情懷〔註12〕。此三十左右之思想基型的奠定，實真切體驗、勤學勉思、歷經曲折、峰迴百轉始臻至，其過程之大節目約略如下〔註13〕：

（一）憂患世界毀壞，常動惻隱悲憫之情——幼承庭訓（六、七歲時），聞地球末日而唯一人一犬孤獨天涯。未幾，天雨日曬，庭中土地皸裂，即恐地球將崩毀而憂慮之。「這中間即包含人性之神祕、人性之尊嚴，與其異於禽獸之所在」。又其年輕時，亦多忽然動生真誠惻怛、同體大悲之情。此為其哲學思想與人性看法的根源與歸宿。

（二）自行建構絕欲的快樂主義人生觀，心物（身）二元的機械論世界觀，以及實在論的知識觀——其對於哲學問題之答案的初步抉擇，約持續至二十歲，前後達五年之久。

（三）另造經驗主義、現象主義式的系統——大學時受徹底經驗論激盪而進一步讀書思想，革新持續數年的前階段哲學信仰，以為任何超越的本體或實在，皆絕不能存在。順此路下去或將走向邏輯實證論。

（四）有所契合於新實在論——受英美新實在論多元思想的影響，相信定有可能被經驗而尚未經驗之無數潛在的共相，其中包含無窮的真善美等價值，遂揚棄而未停留於經驗現象主義〔註14〕。同時受新實在論批評西方傳統哲學中本體觀念之影響，故仍視一切所謂形而上的本體為一種抽象的執著〔註15〕。

（五）靠近西方唯心論——因柏拉得萊之《現象與實在》而接觸康德、黑格爾等唯心論宗師，由黑格爾之《精神現象學》而知除新實在論者一往平

〔註12〕參見《人文精神之重建》，頁566。

〔註13〕以下諸節目綱領只是整理或貫串唐先生的自述，而條列之並附以簡單說明，其詳則請參見《人文精神之重建》（附錄：〈我對於哲學與宗教之抉擇〉），頁565～572，以及《生命存在與心靈境界（下）》（〈後序〉第五節「本書思想之緣起」），頁466～481。凡直接或間接引自此二處者，不再另註。

〔註14〕此中蓋以為無數多元的潛在共相是實在的，當其尚未被經驗時，雖可說是超越的，然並不能說就不存在，故超越的實在（潛存的共相）是有的，這即捨棄了徹底經驗主義、現象主義；然超越的實在又是多元的，殆難化約為同一本體，或說成同一本體之諸多不同面向的展現，故超越的本體殆不存在，這即又保存了現象主義、經驗主義的部份說法，而可接上新實在論對本體的批判。一方有所捨棄，一方有所保存，故曰揚棄。

〔註15〕此處除依註13所陳者外，並參見《唐君毅全集》，卷四，《中國文化之精神價值》（以下簡稱《中國文化之精神價值》）（其中之〈自序〉），頁4。

鋪的哲學境界外，另有層層向上升高的哲學境界，然初仍未心服康、黑，亦未真切了解。但又由對創造進化論的反省轉進，而自思得此心靈既然為能思創造進化中一切可能存在和全部歷程者，則其必為超越的主體，位居一切可能存在之上，其一再的超越活動實並不能失其自身，而只是更充量的顯現其自身之所涵﹝註16﹞。由此即貼近於西方唯心論，更進以廣讀勤思而斟酌之，並試圖解答吾人何以必須接受此自然、社會、歷史的世界而生活存在於當中，以及解答辯證邏輯（綜合邏輯）與一般分析邏輯如何相貫通等問題，而發現一既為三度向又可銷歸於虛靈無相之心以為其性的理體。如是，就約在二十七八歲時形成自家思想規模，並「自謂於宇宙人生根本真理，已洞見無遺，足開拓萬古之心胸，推倒一世之豪傑，不免狂妄自大。」

（六）回歸儒、釋，宗主孔孟 —— 由喜歡西方唯心論，回頭復觀中國先秦儒家、宋明理學和佛學，始知儒、釋又有超過西方唯心論者之所在。同時亦深喜老莊道家，認為「其自現實超拔之心，同於西洋理想主義者，而無彼企慕祈望之情。其足以滌蕩情見之效，與佛家同，而無彼永超生死苦海之悲願。」﹝註17﹞此回歸東方，便決定了其一生的哲學方向，然其間實亦因其貫徹理性思維，而得力於超越的反省及隨之引發的「莫道君行早，更有早行人」似的關鍵一悟：「真理必有普遍永恒性，應為人人所能見，先覺後覺，必同歸一覺，則一切真理應皆先已內具於一切人之心，而人亦終必能自覺其所內具之真理。此真理為成就人之精神生活者，而精神生活至極者，則為聖為佛。吾遂信一切人皆必能成聖成佛。然此真理若兼為宇宙之真理，應為人與其餘有情生命所依以存在之真理……一切人與一切有情生命之不覺悟此真理，以成聖成佛，只由有消極的阻礙之者之故；而阻礙之者，無不可破，則一切人與一切有情生命即應畢竟成聖成佛……尚憶悟後之當時情節，乃吾

﹝註16﹞ 此中，唐生由黑格爾而知得有層層向上升高的哲學境界，與由創造進化論以反省轉進而思得心靈為超越的主體，這兩者間的時間先後，未見唐先生明白道出，查《唐君毅全集》，卷二十九，唐端正先生所著之《年譜》亦未得其詳，故此處主要是考量怎樣最能合理地說明其思想進程而姑且安排其先後而已。另外，查考唐先生發表《柏拉得萊與三論宗的比較》一文的時間在1934年，而其自註作於三年前，則寫該文時當在1931年，時唐先生23歲，則其接觸柏拉得萊之書不能晚於此，其因而讀黑氏之《精神現象學》亦當在此23歲前後，距離贊同西方唯心論而更形成自家思想規模之二十七八歲，尚有數年之遠，然思得心為超越的主體則已貼近唯心論，相距的時間當不如此之遠也。

﹝註17﹞ 《人生之體驗》，頁29。

一人行湖畔，見城牆上陽光滿佈，如一切有情生命皆一一成聖成佛於一無盡光輝之中。」另外，也關鍵地由於存在困境的靈性體會，而即煩惱見菩提：「因個人生活之種種煩惱，而於人生道德問題，有所用心。對『人生之精神活動，恆自向上超越』一義，及『道德生活純爲自覺的依理而行』一義，有較眞切之會悟，遂知人之有內在而復超越的心之本體或道德自我。」〔註18〕於是，信受儒聖與釋佛，有《人生之體驗》、《道德自我之建立》二書之作。若於此要進一步追問儒釋之間其究竟歸宗於何？則其《人生之體驗》雖自言「亦未確定的歸結于某一宗教，某一家派之哲學」〔註19〕，但由其中導言所說：「關於佛家思想，我雖願承受，與本書所陳，無大關係，今不多述。」〔註20〕已可得到暗示了。至於《道德自我之建立》，則以道德自我爲核心，顯然本於儒家義理。更可確定的是，由往後之表現看，唐先生即明顯歸宗孔孟儒家也。

第二節　西方理想主義之不足與東方智慧之長處

　　以上已可略得唐先生思想發展直至成熟定型的歷程，然其所謂儒、釋超過西方唯心論者或理想主義者之處果何在？其所理解的儒、釋、道等東方智慧精神之長處，尤其是儒家之勝義，又大抵爲何呢？這些可先由唐先生所見的整個西洋人生哲學或西方理想主義之不足處以對顯出。唐先生說：

　　　　就整個西洋之人生哲學倫理學著述看來，總是表現向上祈求，向前嚮往，向外追求捕捉之態度。西洋哲人，仰視霄漢，讚彼天光，企而望之，俯而承之，其欲超離凡俗，以達靈境者，恆須先闢除榛莽，用層層上升之思路，以開拓其心靈，提升其境界。故西方式辯證法，實爲昭示人生發展之歷程之必需工具。柏拉圖所謂辯證法使人打開靈魂之眼向上望，已一語道出後之西洋理想主義哲人，重視辯證法之秘……然我乃東方人，根本缺乏西方人上界下界互相對峙之原始意識。我們對西方人上界下界之先劃分而求合之態度，可根本不採取……中國人無西方式之天國之信仰，則永遠向上追求之人生態

〔註18〕《中國文化之精神價值》，（〈自序〉），頁5。
〔註19〕《人生之體驗》，頁3。
〔註20〕同上，頁27～28。

度，終使人墜入空虛，必當求內有所止。既內有所止，則西方式辯
證法可用亦可不用也。〔註21〕

此一方面從好處看西洋哲人，肯定西方理想主義由天人之對比而欲超離凡俗、上企天光，藉由層層綜合上升的思想辯證，以披荊斬棘，抉發人生發展歷程，而開拓心靈、上探理想的生命勁力〔註22〕。其人格之偉大處「唯表現於其為眞理而犧牲之精神，努力向上求超拔其現實自我之態度」〔註23〕。然另一方面，西洋哲人原初即每每先劃分上下界，而以天人對峙若恆相懸隔，然後具有理想主義色彩者，始企望打破其所以為的本處下界的人與恆居上界的天之遙遠距離，而無盡攀緣向上以求合。唐先生還直說：「西洋文化之缺點，本原在希臘人之尚智即過于美，其樂教實亦不夠。基督教之仁教，則病在人心天心相距太遠。各時代各地域之西洋人，恒一往向一方用力，而割裂道術之全，因而處處造成對待相抗之局面。」〔註24〕、「西洋近代所表現之尊重人性、理性、人之理想之精神本身尚有缺憾。此即由中世傳下之宗教思想中，對人性所持之原始罪惡之觀念，使人不能如量的尊重人性；及近代思想中之視理想之客觀性為外在性之思想，偏重向外運用之理性活動等。」〔註25〕是則在西洋，道術常為天下所裂，其理性活動要不是一往向上追尋，就是偏重向外分途用力，缺乏向內用力以挺立道德本心而順應之以自然流行的面向，無以眞實生命地圓融上下內外，縱攝貫通，達到「內聖外王之道之全」。其哲人之思想體系，往往初無內在神明之根（心之本體）以為超越向上的依據和定止，或者（如近代唯心論者）只在思想上設定之、置定肯認之而難有眞切仁智的直覺或道德實踐的信心，因此，「其努力向上之動力，或是原始的自然生命力」〔註26〕，雖「強悍邁往，滾滾滔滔，繼續不懈，死而後已……多可歌可泣」〔註27〕，卻常左衝右突，不能以良知良能或純粹的道德動力貫通之，「其心靈太不安，太動盪……很少能達心安理得之境」〔註28〕，「既缺中國哲人自樂其道、自慊自足之心境，天機暢達、廓如太虛之胸襟；亦缺印度哲人閉藏內歛、淵默玄深之氣象，度己度人、悲憫眾生之心

〔註21〕《人生之體驗》，頁 25～26。
〔註22〕參見《人生之體驗》，頁 26。
〔註23〕《人生之體驗》，頁 26。
〔註24〕《人文精神之重建》（其中〈西洋近代文化精神之省察〉一文），頁 175。
〔註25〕同上，頁 171。
〔註26〕同上。
〔註27〕同上。
〔註28〕同上。

腸」〔註29〕。故唐先生表示：「我對西洋哲人之精神，景仰之、心愛之，而不能頂禮之、膜拜之。雖柏拉圖黑格耳復生，我亦不能心悅誠服之，不願傾吾之生命精神與之。然吾於孔子釋迦以及若干中、印哲人則願。」〔註30〕此已明示其哲學精神的終極理想在東方而不在西方，而關鍵處就在內有定止與否以及是否實有廣大工夫境界也。

唐先生更曾直陳近代西方理想主義之不足，而對比出儒釋道之勝處說：

> 大率在西方近代之理想主義之哲學……大體皆能有真知灼見而無疑。然於此種種理想，如何保持其不互相衝突，如何不被染污，如何不爲反理想之人之野心，貪欲所利用，而加深人之罪惡之問題，則未能正視。於是此諸理想，恒轉而只爲人之所觀照之一虛懸於上之當然的世界。此當然的世界，面對現實事物之世界之實然，即成爲無力。後之經驗主義、實在論、實用主義，以及今之存在主義之興起，皆由見此理想之當然世界之無力，而更轉向於面對此實然之世界，而如實觀之，或求其中可資應用之力量，或求觀此人類之理想，如何衝突，而幻滅，而飛颺，如何被污染被利用之真相而來。則此理想主義之哲學之再復興之道路，即在吾人之如何使此理想，不只爲人所觀照之虛懸於上之當然，而成爲真正之實然。而在其轉爲實然之時，如何能不被染污利用，以加深人之罪惡。欲答此一問題，則必須由西方近代哲學，回到中古哲學之重信心、重靈修之精神，更須由西方哲學通至東方之儒道佛之哲學，所言之如何使知行合一，智及仁守之道，欲知此道，則賴於人之對其上升與下降之關鍵所在，其間之輪轉爲用之幾，有真實之智慧。此皆西方哲學所未能及者也。〔註31〕

此即表示近代西方理想主義之最大不足處，就在其往往住留於觀照的態度，理想只成爲人所觀照之虛懸於上的當然世界，而對於如何去除人之造作罪惡以保持理想的實現，未能正視，缺乏道德省察或擴充之修行的真切工夫和境界，以及「德不孤，必有鄰」、「知其不可爲而爲之」之永不失望的信心，或者奮鬥不懈地度己度人之深情大願，是則對於實然世界之點化改造以使理想落實於人間世一事，便顯得力量缺缺。此一缺點，在面對如何致天下太平（世

〔註29〕同上，頁 27。
〔註30〕同上。
〔註31〕《生命存在與心靈境界（下）》（〈後序〉），頁 486～487。

界和平）、成人文悠久兩大出乎理性要求的問題上，尤其曝露無遺，甚至這兩大問題亦非整個西洋文化精神所能完滿解決〔註32〕。其中關鍵，除上所陳，唐先生也曾指出：「當說在西方理性主義理想主義與基督教，都只重在本理性以向上向外，形成理想，使之高，使之遠，而未注重到如何能白內部開拓吾人理性之自身，使之大，求其久，即未能向下體察人在內心中，自然生命中，習慣生活中，社會人文中，之一切非理性反理性之存在，而謀自根上加以超化之故。」〔註33〕此意明白而深遠，可與上面所陳互相印證，其中並舉西方理想主義與基督教之失，則見在思想基礎上，欲由基督教以濟西方理想主義，解決現實人間之和平及悠久等問題，恐仍力有未逮。而東方智慧於此正有大助。

　　上述之近代西方理想主義的缺點若能大加改善，則如杜威者流，或許就不必由支持近代唯心論的立場，轉成實用主義以及後來之自然主義的經驗論了〔註34〕；又其他近現代之實證主義、功利主義、實用主義、存在主義、馬克斯唯物論、佛洛依德性欲說、尼采權力意志說及叔本華盲目意志的悲觀主義，也許就不會興盛風行，而類此諸學說的優點即可為改善了的理想主義所統攝，並能避免類此諸學說的種種弊害了〔註35〕。然而事實上，近代西

〔註32〕參見《人文精神之重建》中〈西方文化中之悠久與和平問題〉以及〈西方哲學精神與和平及悠久（上）（下）〉諸文，特別是頁 431～435、442～443 及 482～486。茲引其中一片段以見一斑：「他們之所以不能解決此問題，在柏拉圖式精神，只企慕嚮往理型，而不免致生命力之耗竭；亞里士多德精神，則只歸於立形式之永恒。柏亞二氏，都只知小國寡民之政治。亞氏所重之學術之分門別類，與西方之學術文化分途開展精神，皆可趨於分散外化，導致人文之分裂。唯康德之哲學，能立超越自我為本根，進至關心人類未來歷史，而有永久和平之論，然又未知使之落實之道。黑格爾知理想之當落實，而又失康德之理想。基督教徒則信上帝，而恒不免由敬愛上帝，遂以上帝之啟示為己教所獨有，乃與一切非基督教徒成敵對。故他們之思想，皆尚不足致天下之和平，成人文之悠久。」（頁 482～483）

〔註33〕《人文精神之重建》，頁 483。

〔註34〕唐先生特別貶斥西洋近代之自然主義思想，認為促進了近代文化精神之墮降，不過其所謂自然主義乃專指那種「崇尚生物的自然物質的自然，而看輕人性人文之思想」，至於杜威及一切層創進化論者（Emergent Evolutionists），雖亦自稱為自然主義，但又崇尚人文人性，可不在其貶斥之列。參見《人文精神之重建》（其中〈西洋近代文化精神之省察〉一文），頁 176。

〔註35〕以上所舉實用主義、存在主義等諸學說，其主要精神方向，除正文註 31 處之引文所精簡指陳，唐先生在《人文精神之重建》之〈西方哲學精神與和平及悠久（下）〉一文，也已曾稍詳地點出相似的意思而略作批判：「百年來，西方思

方理想主義並沒有如我們所希望的進一步改良轉進，它終於衰落，而非理性主義、反理性主義興盛風行。此中思想上之降落的關鍵，唐先生曾進一步分析說：「亦可說始於黑格爾之理想主義，把一切現實都視為理性理想之客觀化，把一切非理性反理性者之私欲野心、死亡戰爭之現實，都重在事後於其形上的根基，或歸宿至之將來上，肯定追認其價值。由是而使一切非理性反理性者之現實，皆不復需如其為罪惡與非理性以認識之，因而不復真成為在理想上必須主觀內在的加以超化者。由是，而黑格爾之哲學亦可是一使人之道德理性無事可作而只收縮於其自身之哲學。而後起之哲學，便亦不能不是偏重客觀的認識事實，或只重實際問題之哲學，或片面的發掘一切非理性反理性者之哲學。」〔註 36〕後起諸哲學所以形成的歷史因緣（事由）或許複雜萬端，然唐先生此處之分析則一針見血，直造理境之偏全圓缺，依理境之相戡辯證，去掌握西洋整體哲學發展的精神脈絡，照顯出黑格爾理想主義的不足，而其斟貶之道亦宛約可見，東方智慧即是一道曙光。另外，黑格爾之後，雖曾出現「回到康德」的呼聲，興起一陣波瀾，但卻沒有壯大到再次成為整個西洋思潮的主導。更可惜的是，它本或可據康德所樹立的超越自我、人格尊嚴，在德國觀念論向外充量客觀化人之理性理想於自然社會歷史文化，而顯露死機疲態之後，依理更邁進一步，「轉而向內，去求如何開拓人之道德理性的心，去向下體察一切非理性反理性者，而由道德實踐與社會人文之裁成，以加以超化」〔註 37〕，如此即可開出理想落實之道，彌補其理

想中之實證主義、功利主義、實用主義，都是只著重如實的把握事實，就實際問題解決實際問題。此雖然亦表示一更切實的思想態度，然而在本源上不求深植根，則在精神上不能涵蓋現實而提挈之以向上。此外，不少百年來之反對西方之理性主義理想主義潮流之思想，則重發掘人非理性反理性之部分，而見其為人文世界之主宰者。如馬克斯以經濟上之私利動機解釋人文，佛洛特以性欲解釋人文，尼采以權力意志解釋人文，叔本華以盲目意志看人間。今之存在主義者，遙承杞爾克加之思想，固頗有求人生向上之志。但亦不免傾向自恐懼怖慄虛無死亡之感上，抉發人生之內在的不安，與非理性反理性部分。此種種思想，固皆有其所把握之事實。而且人思想能認識人之非理性反理性者，亦表示一思想之深入，表示人之心靈之光輝向黑暗處、隱微處之照察。但是此種種思想，畢竟是消極的。此種心靈的光輝，終是不免偏於下沉的，而不夠算真正向上昇的。此種種之思想，偏在諷刺世界，引動人之感慨，而使人在諷刺感慨中生一快暢，畢竟不足成就人生與世界。如只有此發掘人之非理性反理性部分之思想，能引人注意，終是西方文化思想發展的大不幸。」（頁 484）

〔註 36〕《人文精神之重建》，頁 485。
〔註 37〕同上，頁 484。

想主義之不足，但事實又如何呢〔註38〕？或許要怪文化限制吧！

借助東方智慧，正可突破西洋思想文化的限制，超越其偏蔽。西方近代理想主義哲學的復興之道，正繫於對其上述缺失或不足，加以超克或補足。此超克或補足的道路，綜述之，則一方面須由對意義的觀照之沉酣，超升至道德實踐的態度，使理想兼存於知與行所合成的生活中，創生不息，不教只成爲人再一回頭的觀照之所對，而反截斷了其原初生起之根——一即知即行，由內直達於外、由上貫徹於下，之性情心〔註39〕。再者，也要智照個人和社會的無明或人欲造作，在菩薩行或修齊治平的實踐中，解消理想的衝突，去除理想落實的歷程中被染污利用以增罪孽的可能〔註40〕。另外，在人所不能逃的當然與實然之對峙感中，能夠抱持一超越的信心，相信理想雖未實現而必然可以實現而不疑，也是使其理想不致視若幻想，而萎縮消逝，終失其爲眞實的理想主義者，之一決定性的關鍵〔註41〕。凡此皆正是東方智慧之所長，先秦儒家、宋明理學與佛學高於西方唯心論者或理想主義者之處也。唐先生說：

> 東方的智慧，由儒道佛教印度教所代表者，則自來對於一切屬個人或屬社會之非理性反理性者，皆著重直接如其爲非理性或罪惡以認識之，而又不只把它們視作客觀外在的事實，而理智地分析之：卻都隸屬之於我們之主體自我之自身，視之爲主觀內在的待超化者。同時，其思想皆與其說重在本理性以建立理想，不如說重在「如何用工夫，使理性之久大的相續流行於現實生命」成可能，從根上超化一切非理性反理性者……道家重在致虛守靜，以開拓我們心之虛靈明覺；佛家重在觀空破執，以超化煩惱；儒家重在體證仁心，於人心見天心，而存理去欲，變化氣質；都不是只重在以理性建立理想……〔註42〕

印度與中國先哲之宗教道德智慧的方向，則不似前所述黑格爾之「把一切非理性反理性者之私欲野心、死亡戰爭之現實，都重在事後於其形上的根基，

〔註38〕此處關於當如何順康德、黑格爾等理想主義的精神發展，更轉進一步，而補其不足，乃參照《人文精神之重建》，頁484、447。

〔註39〕參見《生命存在與心靈境界（下）》（〈後序〉），頁487～488。

〔註40〕理想被染污利用而轉化爲罪孽的情形，西洋近代史中例證歷歷，可參見《人文精神之重建》，頁156～159。

〔註41〕參見《生命存在與心靈境界（下）》，頁492～493。

〔註42〕《人文精神之重建》，頁485。

或歸宿至之將來上，肯定追認其價值」，而是能確實如其為罪惡與非理性以照察之，並真切視其為自己生命中有待努力去超越、轉化之要事，而在生命實踐中講求或體認種種實踐的方法工夫，於其未起、未熾時即從源頭或開端化除其生發為罪惡的可能，以使理性、本心或虛靈清靜之心能呈現、保存，久大的相續流行不間斷，則理想就自然不再只是一虛懸於上的觀照目標或追求企慕嚮往、歸命祈禱的對象，而能真正落實。分別言之，「佛家與其他印度宗教家，多知道用心於由空觀，各種瑜伽行，以戒定工夫增智（慧）生（慈）悲」〔註43〕，尤其佛家更幾乎用全力在於空掉或否定掉一切我法之執著，「其用意，正明在使人之一切非理性反理性之無明煩惱，一切盲目的勢力，晦闇的衝動，或私欲權力意志，失其所憑依；由此以開拓智慧，或心之虛靈明覺。此是人類思想中，直接面對一切非理性反理性者，而求加以超化之最徹底的思想型態。」〔註44〕由此空的工夫，達到「此心之虛靈明覺之能量的純粹開拓」，而「人之真正大公無私的理性，或性理或仁心，得其流行而伸達之條件；兼使無矯亂虛妄之真知識成可能」，所謂「由智生悲」、「依根本智而有後得智」也〔註45〕。中國先哲之人生根本智慧，為仁與智之智慧、人性善之智慧、天人合德之智慧等，雖與印度不盡相同，但在原則上亦可貫通；上述印哲關於心之虛靈明覺義，道家一樣非常看重，而儒家亦知之〔註46〕。「莊子，以虛為心齋，知萬物不可納於靈台，而要去智與故；正是使心無所住、無所滯而無所執之意。孔子之『無可無不可』、『無適也無莫也』、『毋意毋必毋固毋我』、『吾有知乎哉？無知也，空空如也。』，亦未嘗不隱涵此義。荀子亦以心之虛壹而靜為知道之本。佛家去執之教，在此處正可相通。不過佛家在如何去執的工夫上，說得更密，儒道二家則以虛靈明覺，為心之一德性，而要人直接湊泊，以用涵養工夫……智慧之能力，用竭蹶了，如何使之不斷滋生，都是一般西方學者，常一無辦法的事。中國先哲與佛家在此，都同樣提供了一自內部增益智慧之方法。佛家的方法，是觀空破執，中國先哲之道家儒家，是要人直接湊泊涵養此心之虛靈明覺。莊子於此說了『坐忘』、『喪我』、『以明』、『兩行』、『葆光』、『物化』一套心境、工夫，以顯虛靈明覺之心德，而神由

〔註43〕同上，頁493。
〔註44〕同上，頁490～491。
〔註45〕參見《人文精神之重建》，頁492～493。
〔註46〕同上，頁497。

此降，明由此出。後來宋明儒家之體認、體會、操存、涵養，亦正包含有要呈現此心之虛靈明覺之義。」〔註47〕

第三節　儒家勝義暨先秦儒家之精義與孟子之關鍵地位

但再剋就儒家而言，則其對於心之體認涵養等，又不限於心之虛靈明覺，而更重在體證心之仁德仁性，使之呈現而流行不間斷。在正宗儒家看，此心之虛靈明覺縱然全幅呈現，也只是心的一個光景，即使常得保任之，將雜念與私欲執著等澄清而不斷增益智慧，仍只可爲仁德流行之地，並不能算眞盡了心之眞性，而唯有生生不已的仁德本身，才是孔孟以至後來儒家所認爲的心之眞性，或心之本體。虛靈明覺之所以可能，乃由於我們的心本來就能超越執著私欲等，而這又只依於我們的心有一生生不已之性理或仁德，要破除執著私欲之限制，以逐漸呈現或呈露。故積極的呈現或呈露心之性理仁德，而顯於接物之情，才是我們的心之正面要求，致虛靈明覺則只是使仁德流行之一工夫。我們眞正須涵養操存體認的，乃是此「虛靈明覺而即具生生不已之仁德」之心性之全體。而操存涵養，即是心之自求充實、自求保存其所呈現之仁德性理，使其相續流行，而間隔之者漸不可能呈現〔註48〕。

儒家此等修養工夫，其根本義理或基本規模，在先秦已經樹立而圓具，後來宋明理學家數百年的發展，更一脈相傳，闡之精微深切。要之，或則直接強調正面的操存涵養體認之工夫，以積極的使本原之仁德性理相續流行不間斷，徹上徹下、充內形外，疏導人欲令其自然如泥沙之順天理仁德之流行而下、而融化，於是自然而然超化了非理性反理性者；或則從內在發端處防範人欲假借理由以出，故先求省察自己自欺之事，而下消極的剋制工夫，著重「就意念之稍有不正，過而失中處，即下手用工」之「研幾」工夫，自生命一念之陷溺、一念之矜持和心靈之向外偏向等萌動加以消除轉化〔註49〕。

特就先秦言，循唐先生之意，我們可以說，孔子兼此兩面工夫而次第全備，卻又渾化無跡，一切放平，感通天地人我，成一體之仁。孟子十字打開，

〔註47〕《人文精神之重建》，頁498～499。
〔註48〕以上參見《人文精神之重建》，頁499～501。
〔註49〕同上，頁500～501，503～505。

偉然卓立天地之間，奠定仁德性情之性善信念以爲大本，而著重前一面工夫，然於「操則存，捨則亡」之一念升降之幾，亦已承孔子而把握緊切，啓開後儒。《大學》上承孟子，於內在心性之善上立根，言「明明德，新民，止于至善」，綱舉內聖外王之次第，著重始終相涵與相生相成之義〔註50〕，歸至誠意、正心、修身爲本，工夫重在「正反二面之雙管齊下」，而尤強調「毋自欺」以去意之不誠，「求存於中者與形於外者之合一」〔註51〕。《中庸》「天命之謂性」，乃由孟子言性爲天所與我及言命之旨所轉化而成〔註52〕。其修養工夫亦兩面兼俱，而尤密於大學，要在貫天道、人道爲一，縱通天人、橫通內外，而以「誠」爲中心概念，且正式提鍊成一本體〔註53〕。其言誠之工夫，「一面是直道而行的順天德性德之誠，以自然明善而成己成物之工夫，其極爲不思而中，不勉而得，從容中道之聖，爲『自誠明，謂之性』，言直率此性，便是道也。一面爲致曲的，於善與不善或惡之間、中庸與反中庸之過不及之間，擇善擇中庸，隱惡揚善，固執善，惟恐陷於過不及或小人之無忌憚之戒愼工夫；此即吾人之由明以求自誠之事，爲『自誠明，謂之教』，修此道以爲教也。」〔註54〕是則既備直道而行之說，亦「爲能兼明正反二面之善與不善，以反反面之惡與不善，而曲成此正面之善者」，而特此「愼獨」工夫，「可澈入個人內心深處之病痛，而自防其工夫之間斷，自求其工夫之不息，冀達至『至誠無息』、『純亦不已』而『天德聖德不二』之聖境」〔註55〕。可見學庸基本義理仍承孟子，但補充其說以發展耳。《易傳》即變化之道以觀天之神道〔註56〕，標舉「大哉乾元，萬物資始……乾道變化，各正性命」，並以人之自然生命中即原具德性，只要人能神明其德，窮理盡性以至於命，與天地合其德，則人亦爲一道德生命、精神生命，此歸趨正合孟子意。其言「繼之者善也，成之者性也」、「成性存存，道義之門」，亦本於孟子性善之傳，與《中庸》同。惟《中庸》偏重主觀內在的工夫之一大段事

〔註50〕參見《唐君毅全集》，卷十五，《中國哲學原論‧原道篇（二）》（以下簡稱《原道篇（二）》），頁71～72。

〔註51〕參見《唐君毅全集》，卷十二，《中國哲學原論‧導論篇》（以下簡稱《導論篇》），頁147～149。

〔註52〕參見《原道篇（二）》，頁78。

〔註53〕參見《導論篇》，頁148，以及《原道篇（二）》，頁76。

〔註54〕《導論篇》，頁151。

〔註55〕同上。

〔註56〕《原道篇（二）》，頁135。

上，《易傳》「重點則放在『人之運其神明之知，以客觀的仰觀俯察一變化之道之瀰淪天地，而神明之知，存乎其人之德行』上，則玩易亦君子之事，而窮理即所以盡性以至於命。既知天地變化之道，而更進退存亡不失其正，即聖人之所以裁成天地之道、輔相天地之宜，亦人道之所以配天道地道，以成三才，而盡性至命之功業之所在。然此在易傳屬第二義，其與中庸之重點放在先自率性求盡性，以歸於上達天德、天道者，固不同也」〔註57〕。此《易》之深微廣大神妙處，則由《繫辭上傳》以下所說可見一斑：「夫易，聖人之所以極深而研幾也。唯深也，故能通天下之志；唯幾也，故能成天下之務；唯神也，故不疾而速，不行而至。」〔註58〕

至於荀子則正視人欲氾濫成災而言性惡，主大清明心「出令而無所受令」，能無蔽知「道」而「化性起偽」，以「矯飾擾化人之性情」，並「重篤實誠懿之行」〔註59〕；然其功不在主體向內工夫之深微宏遠一面（雖荀子亦深有見於人心之危、道心之微，然心與道對，性為本能，價值之根本未立，易成他律），而偏向建立日常生活之全面的人文統類之道，由禮樂人倫制度以化成天下，其所謂心實為一知聖王之禮義之心或歷史文化心也，此亦追隨孔子人文精神而來〔註60〕。

此外，《禮記》各篇論禮樂者，「對禮樂之各端之義，雖所論更詳，然亦蓋皆本荀子之言而進」〔註61〕。其〈樂記篇〉「論禮樂之道之兼為人生倫理政治之和序之道，亦為天地萬物鬼神之和序之道」，〈禮運篇〉則「專論能表現人之德，與養人之德之『禮』之運行于天地鬼神山川與萬物中、及古今歷史之世界」，此二文可稱為文化哲學與形上學之和合，雖立義不如中庸之賅備，然規模亦甚弘闊，能「以禮樂之人文為本，以通自然之宇宙、人倫、政治、與歷史之世界」〔註62〕。其中唐先生更創見地認為〈禮運篇〉之全旨，「蓋是言墨道二家所言大同之世之天下為公、大道之行、與超禮義之境界，雖原為儒者之志所涵；然儒者更有進于此者，即是其有此志非只『意之也』，而是逐

〔註57〕以上參見《原性篇》，頁536～537。
〔註58〕《原道篇（二）》頁143，唐先生曾引之而發揮其義。
〔註59〕參見《導論篇》，頁138、141～143。
〔註60〕參見《原性篇》，頁71～76、534；又參見《唐君毅全集》，卷十四，《中國哲學原論‧原道篇（一）》（以下簡稱《原道篇（一）》），頁439～440。
〔註61〕《原道篇（一）》，頁505。
〔註62〕《原道篇（二）》，頁94。

步由禮義以實現此志于此有家之天下，使大者表現于小者之中，使超禮義之境表現禮義之中。」〔註63〕又《禮記》所述禮之範圍至廣，然特重祭禮，呈顯人對天地鬼神之一「報本反始」的精神意識，其言祭必受福，非祈鬼神降福之義，而只是「順道之福」，即「由人之報本復始，而有其祭祀之精神，『順道而向天地、有功烈之聖賢、與祖先之鬼神而伸展充達』之道福」，亦可謂為一由至高至大之宗教道德精神而來之道福，盡去祈福意識之夾雜，純以報本復始為心，以「此精神本身全備為福」也〔註64〕。

此禮樂一面，亦先秦儒家所重，乃「使人之精神生活、文化生活。直接貫注於人之日常生活，以潤澤陶養人之自然生命欲望，使之不致發展為無限度之欲望或私欲、權力意志」，此則使日常生活能與精神生活、文化生活合一，而歸於平順安泰〔註65〕。蓋「人之只恃此內心工夫，亦有工夫難就處。收攝過緊而離外務，亦足致此靈覺之自陷於其虛靜之中，以成一高等之自己沉沒；而由其外以養其內之工夫，亦不可忽。此則要在禮樂之生活。」〔註66〕

依上述，可見先秦儒家哲學精神俱涵蓋在孔子精神之下，而若無孟子，則孔子之言性與天道或價值創造之根源的意義，吾人又恐怕將永難明瞭徹入，是孟子之功偉矣，具有了解先秦儒家根本精神的關鍵地位。

再專對孔孟言，唐先生思想醞釀成熟之初，即由《論語》見孔子「溫良恭儉之氣象，仁民愛物之胸懷」及孔門師弟之間「雍容肅穆，一片太和之氣」〔註67〕；更以《中庸》「極高明而道中庸」來了解孔子的生命型態，以為「元氣渾然，一片天機」，「與柏拉圖之欲由庸凡以漸盡於高明不同」〔註68〕。他說：「孔子之言，皆不離日用尋常，即事言理，應答無方，下學上達，言近旨遠，隨讀者高低，而各得其所得。」〔註69〕此即表示孔子之教親切具體，隨順問學者的差異和當機需要的不同而方便施教，其答人之問無固定不變的方式，且所言「以其不直接標示一在上之心靈境界」〔註70〕，故若淺近平凡，實則義蘊深遠，隨學者造道程度的高低變化而各得深淺不一的領會和受用，

〔註63〕同上，頁100。
〔註64〕同上，頁105～109。
〔註65〕參見《人文精神之重建》，頁506～507。
〔註66〕《生命存在與心靈境界（下）》，頁208。
〔註67〕參見《人生之體驗》，頁28。
〔註68〕同上。
〔註69〕《人生之體驗》，頁28。
〔註70〕同上。

「如引人拾級登山，勝境自闢」〔註71〕，終可自達於高明。唐先生更引宋明儒的話語「泰山不如平地大」，以幫助我們了解孔子的偉大，而釋之曰：「在平地者誰知平地大？唯曾登泰山者，乃益知平地大。故必讀西哲印哲書，而後益知中國先哲之不可及，知其中庸中之高明也。」〔註72〕、「泰山有對照，顯得出其大。平地或天地，絕對無外，反至大而顯不出其大。」〔註73〕此乃以孔子雖極高明深遠，而又化歸博厚切近，至卑至謙，不露精彩，一切歸於順適平常，如大地平平蕩蕩，卻涵容一切，無不持載，體現全面的人文精神，無所偏至，而為最高的人格典範——圓滿的聖賢型〔註74〕。這「一面是如天之高明而涵蓋一切之超越精神，一面是如地之博厚而承認一切之持載精神。」孔子真誠惻怛展現了全面的人文精神，將各境界層次不同的人文活動，皆適度地加以肯定承認其價值，亦適當地提示向上之機，則人人皆可各有所肯定，皆可得其所而不自棄、不嫉妒、不驕矜，而各有其平穩的成聖道路可循。可以說，孔子乃深切自覺「內在生命之仁」，而「生活在己與人與天命鬼神相感通之世界中」，「天人合一」、「義命不二」，無休止地感通不已，創生不已，「知其不可為而為之」，卻又是那麼的安然自在、樂且不憂，「無入而不自得焉」〔註75〕。孟子雖未似孔子之渾融平易，於游藝博學、禮樂倫制之教化一面亦似不及孔子之燦然，但仍在原則上承襲孔子之全面的人文精神，如其謂「楊子取為我，拔一毛而利天下，不為也。墨子兼愛，摩頂放踵，利天下，為之。子莫執中，執中為近之，執中無權，猶執一也。所惡執一者，為其賊道也，舉一而廢百也。」（《盡心篇》）即強調「以偏概全」、「意識型態」之害，要人依具體情境之轉而權變。此權變並非如杜威、詹姆士之否定普遍的理性原則和否定有涵蓋一切可能情境之超越自我，孟子是真切篤實體認了孔子之一貫的根本精神——貫通天地人我而可謂形上實在或超越自我的仁義之心——上達於高明，以此為普遍根本的原則，依緣不同的具體情境，而作適如其理分的表現也。唐先生曾贊孟子曰：

> 孔子元氣渾然，一片天機。孟子則浩氣流行，剛健光輝：其所為言，皆截斷眾流，壁立千仞，直心而發，絕無假借。其性善之義，仁義

〔註71〕同上。
〔註72〕同上。
〔註73〕《人文精神之重建》，頁216。
〔註74〕參見《人文精神之重建》，頁232～237。
〔註75〕參見《原道篇（一）》，頁105～110、78～79、124、218等。

> 內在之說，發明孔子之微意，從此爲中國人生哲學，立下不拔根基。
> 人皆可以爲堯舜，而人格之無上之尊嚴與高卓，於焉建立。盡性即
> 知天，而萬物皆備於我，上下與天地同流，徹上徹下，通內通外，
> 西洋哲學中內界外界，上界下界之分，皆成戲論。性具四端，人皆
> 有之，推擴充達，念念皆分內事，止於自己之內，而祈望嚮往，無
> 所歸宿之空虛之感，無自而生。孟子之功偉矣。〔註76〕

簡切數語，即把孟子高卓通透、頂天立地的人格氣象和境界，立說之永恆的理論價值暨在中西哲學史上的不朽地位，所以濟西洋哲學之窮，以及透闢的修養工夫和充實光輝，一齊呈現出來，而無盡贊嘆企慕之衷情流露矣。至於荀子，唐先生亦稱道其博厚篤實的實踐精神、沉潛密察的爲學工夫，尤其尊其全面的人文統類之道，然於價值根本之奠立或哲學理境上，則略有憾於荀子：「……荀子言性惡，雖有心能知道之義以輔之，而心性二元，未見其可。荀子化性以起偽，欲長遷而不返其初，以合於道，而道則心之所對。蓋同西洋柏拉圖氏之以至善爲靈魂企慕之境界之說，然與孔孟之道，蓋已有殊。」〔註77〕是則微以荀子非全孔子真傳，而孟子之道與孔子並矣。

依上，對了解先秦儒家哲學之根本精神言，孟子具有關鍵的地位，而雖然唐先生對先秦儒家哲學的詮釋，是那麼的兼容並蓄、面面俱到，一體肯定，但仍可以體會到孟子在唐先生心目中的特殊地位啊！我們以下各章，就針對孟子，分析闡釋唐先生的見解，其他部份，則或隨文附及。

〔註76〕《人生之體驗》，頁 28～29。
〔註77〕同上，頁 29。

第三章　唐君毅先生之於孟子學的詮釋歷程

第一節　由晚年契會說起——孟學的精神核心

　　歷來評論孟子學，有人非難之或疑之、詆之，有人推尊之，大抵宋代二程、朱陸以降，一致尊崇孟子，至與孔子並稱孔孟，號爲亞聖、書列經書，代替了唐代以前的周孔並稱〔註1〕。從此，孟子在儒學中的地位屹立不搖，捨去疑詆，盡存推尊。然而，推尊孟子者，歷代亦有側重面向的差異，唐君毅先生對此作了一番考察，歸納爲三種面向：一者，如趙歧從孟子長於詩書、羽翼五經之經學觀點著眼；二者，如宋明儒從孟子言性善言本心著眼；三者，從孟子強調民爲貴之政治義理著眼，如明末清初之大儒黃宗羲等以及清末主張變法革命者和民國至今一切反專制極權之思想。此上三者唐先生稱之爲中國歷代孟學之三大變〔註2〕。但此三者是否已抉發淨盡孟學精神或孟子之道的核心，則唐先生委婉以爲未必，而以其卓越夐絕的仁心智慧，契悟得整個孟學精神中宛然有一立體的「興起一切人之心志，以自下升高，而向上植立之道」或簡言之「立人之道」，認爲此「足貫通歷代孟學之三大變中之義旨」，並指出「古今學者唯陸象山最能契此義……然其所論說者，不甚成條貫，亦

〔註1〕　參見《唐君毅全集》，卷十四，《中國哲學原論‧原道篇（一）》（以下簡稱《原道篇（一）》）（臺北：臺灣學生書局，1984 年全集版）（以下所引《唐君毅全集》各卷諸書，皆同此學生書局全集版），頁 212～213。

〔註2〕　同上，頁 212～214。

未舉孟子言以實之」〔註3〕。於是，唐先生在《中國哲學原論‧原道篇卷一》第五、六兩章〈孟子之立人之道〉，便「循孟子之明言所及，更加以連屬，並連於其時代」而詮釋之，以見孟子「興起人之心志以立人之道，雖自謂是承孔子，然實則要在針對當時之墨學，以別開一道，而發明孔子之道」〔註4〕。

此一孟學精神核心的契會，唐先生曾自述其歷程道：

> 吾初意從宋明儒之說，謂孟學之核心，在其言心性，而尤在即心言性，此吾已論之于孟墨莊荀言之心之義與原性篇。唯以人之心性是善，故人皆可以為堯舜，而有其良貴，遂得言民貴。吾素不取趙歧之孟子長于詩書，純自經學觀點，推尊孟子之說，然近忽有會于孟子言心性之善，乃意在教人緣此本有之善，以自興起其心志，而尚友千古之旨。論語記孔子嘗言「興于詩」「詩可以興，可以觀……」而書之所載，正多古之賢聖之事，足使後世之人們聞風而興起者。吾乃于趙歧所謂孟子之長于詩書，自謂另得一善解。更觀孟子之貴民，亦正處處重在興民。孟子之言人性之善，則下在使人自別于禽獸，上則在使人由自興起其心志，以為聖賢；故言「舜何人也，予何人也，有為者亦若是」。為政則重在以天下為己任者，自興起于草野之中，更升舉于上位，以為民望。于是吾對整個孟子之學之精神，遂宛然見得其中有一「興起一切人之心志，以自下升高，而向上植立之道」，自以為足貫通歷代孟學之三大變中之義旨。〔註5〕

由此自述，可見唐先生於歷代推尊孟學之三種側重面向，初乃承取宋明儒之說，重在孟子之心性論或性善論面向，而以民貴面向只為性善論之引申義，至於側重長詩書、翼五經之孟子經學面向者則素來不取。後乃又於原本所重性善論面向上，忽而向上一機，契會得孟子論心性之善其言語表達所呈顯出的如詩書般的「興發」、「提舉」之義蘊，及其背後欲以「立人」的深情大願或目標旨意。由此以觀孟子之長於詩書經學、之言貴民為政，皆見其精神一貫，與孟子言性善為同一核心之遍注流貫。是則可貫串孟子內聖學與外王學而兼得其勝旨，雖仍可言本末先後之別，然不復有其論述份量究竟何者重、何者輕之爭議了。

〔註3〕 見《原道篇（一）》，頁214。
〔註4〕 同上，頁214～215。
〔註5〕 《原道篇（一）》，頁214。

其中「忽有會于」云云，看似突然靈光一現、偶然得之，實則學思超邁，歷經披荊斬棘，終積漸而至、水到渠成，此由唐先生從早年至晚年一系列的詮釋孟子或相關論題之精彩傑作，可以直接證實。此等論釋傑作（包括契會得孟子核心精神後所完成者），含蓋了孟子表達特色、義理範疇及實踐方向與工夫境界等諸多方面，展現了精采卓絕的創見，也讓人感受到巍巍提振心靈的深厚理境。

第二節　年少之穎悟
——辨「性」非「本能」及其特殊涵義

唐先生早年即關注孟子所言之性的義涵問題，他還在中學就注意到《孟子·盡心篇》中「口之於味也，目之於色也，耳之於聲也，鼻之於臭也，四肢之於安佚也，性也，有命焉，君子不謂性也。仁之於父子也，義之於君臣也，禮之於賓主也，智之於賢者也，聖人之於天道也，命也，有性焉，君子不謂命也。」一段話，又見孟子「養心莫善於寡欲」之語，即「悟孟子之言性乃即心言性，而非即自然生命之欲以言性」〔註6〕。

後來進入當時的中央大學就讀，他「第一篇於學術雜誌發表之論文，即爲緣此而作之〈孟子言性新論〉」〔註7〕。此文初步展現了他哲學論理的精明和踏實的分析訓練，內容上更承續前中學時所悟得者而分辨出了「仁義禮智之性」（亦即「內在道德之性」）與「心理學的本能之性」（如耳目食色之欲）層面不同，並從兩種方法路數證明孟子所謂的性乃指前者而非後者。

其中一路乃自語義的角度切入，先設以「本能」代「性」之名，而按諸孟子性善論，見其與孟子之言相枘鑿。蓋言本能乃善，其義不外「本能有善無惡」或「本能雖有善有惡，然惡不敵善，善常勝惡」兩種情形；但經過舉證分析，唐先生得出人的本能欲望在孟子看來既非「只有善而無惡」，亦非「雖有善有惡然惡不敵善、善常勝惡」，則依孟子便不能說本能乃善了，今若性相當於本能，豈非即謂在孟子性不能說乃爲善了？是顯與孟子性善之說相違〔註8〕。此時，唐先生甚至反駁戴東原「謂孟子言寡欲而不言絕欲，可知孟子實不以欲本身爲

〔註6〕 見《唐君毅全集》，卷十三，《中國哲學原論·原性篇》（以下簡稱《原性篇》），頁40。

〔註7〕 同上。

〔註8〕 參見《唐君毅全集》，卷十八，《哲學論集》（以下簡稱《哲學論集》），頁4～6。

惡」之說，而直指「耳目食色之欲」（別於「義理之欲」）本身爲惡，如謂：「耳目之官，不思而蔽於物者，言耳目之官離心則爲惡之原，是孟子以耳目之官本身爲惡也。『耳目之官』在孟子之意即相當於『耳目之欲』。」但日後則又見修正（見後文）〔註9〕。

　　另一路論證是會聚孟子具有代表性的論性言論，分析、歸納其語義，見孟子所指的性與通常所謂的本能之性內容不同，然後正面申辨其涵義。蓋在孟子看來，心、性二字無大分別，而孟子心、欲對舉爲二物，故性與欲亦爲不同之二物。且孟子亦只言「君子所性，仁義禮智根於心」，不說「君子所性，耳目食色之欲」。更何況孟子還明指耳目口鼻四肢之本能欲望「性也，有命焉，君子不謂性也」，而仁義禮智聖「命也，有性焉，君子不謂命也」〔註10〕！

　　經由此兩路論證，唐先生斷言：「孟子所謂性，係專指吾人所謂性中之一部如仁義禮智而言，至於我們所謂性中之耳目食色之欲，則不認之爲性。」〔註11〕換言之，孟子所謂的性乃專指內在道德之性，而非心理學的本能之性。

　　然而，自然生命之欲與仁義禮智之心俱屬於人，孟子何以如此獨以我們所謂性中的一部份（仁義禮智之心）爲性，而其他一部份則不承認之爲性呢？唐先生（本昔賢釋孟子之言）拈出「求諸己而可得者」爲原則標準以解答之，並認爲這正是孟子所謂性的特殊涵義。蓋行仁義禮智等道德，均重在盡己之心、之道而已，乃「求則得之，舍則失之」、「求在我者」。至於耳目食色之欲

〔註9〕　同上，頁 4～5。此處其駁戴東原之論證爲：「蓋孟子雖不言絕欲，只言寡欲，然若孟子果不以欲本身爲惡則安用寡之？寡之者，言必加以裁制壓抑使不至自然放縱之謂也。孟子以欲必加以裁制壓抑使不至放縱而後可，是猶謂江河之水必以堤防之而後不至於潰決。是孟子之以欲本身爲惡明矣！」考察此論證，蓋只能說：耳目食色之欲，表現在人身上，常有陷溺氾濫而蒙蔽本心善性的傾向（在一般動物則隨自然而有，亦隨自然而化，不致陷溺氾濫），故如果一味隨順其無限發展（這當中常是誤以觀念爲用，而執著之、擴大之，所形成）而不加以節制、寡減，讓其放縱成災、蒙蔽心思，成爲決定我們行爲的原理或力量而不他顧，即會造成行爲的固蔽、自私，而流爲惡。是以，我們只能說：『欲』爲所以成惡的主觀根據之一，是惡所以會發生的條件之一。故蒙蔽與否，其責任可不全在於欲，思想、意志的主體亦有相當的責任；況且『欲』氾濫成災與否，似乎亦有待於外境關係。因此，耳目食色之欲本身固有陷溺其中、無窮氾濫而成惡的可能，然其成爲惡，尚待其他主客觀條件的配合也。此義，唐先生在中期的《中國文化之精神價值》第六章〈中國先哲之人心觀〉之（六）〈性情之善不善及性與理〉裡，已有類似而更精詳的論說了。

〔註10〕　同上，頁 6～8。

〔註11〕　《哲學論集》，頁 9。

等本能，則「求之有道，得之有命」，乃「求諸物而後可得者」、「求在外者」，並非自己所能完成，即不直屬於我自己，故君子不謂之性。於是，僅以我們所謂性中之求在內、「求諸己而可得者」的這一部份──仁義禮智之心──為性了〔註12〕。此一見解，累經拓深，後來雖更貼緊道德自我境界或價值心靈以立論（如《中國文化之精神價值》中〈中國先哲之人心觀〉之〈心之性情〉，以及《中國哲學原論‧導論篇》中〈原命上：先秦天命思想之發展〉之〈孟子之立命義〉），但在〈孟子性善論新釋〉中（見後文），甚至為〈先秦天命觀〉時，仍保持該見解之基本意旨〔註13〕，直至晚年《中國哲學原論‧原性篇》（以下或簡稱《原性篇》）始正式提出質疑而修正之（見後文）。

第三節　青壯之奠定詮釋的基本規模
──由論性的著眼點到性善論的論證，並論惡之起源以及「心統形色」所引申的性善深義

　　〈孟子言性新論〉發表後十餘年（1945年7月），唐先生承續之，再於《文化先鋒》第五卷第四期發表〈孟子性善論新釋〉一文〔註14〕，其對孟子的詮釋之基礎規模已具於此！時當壯年，思想已然成熟。

　　此文，從孟子論性之下手處或著重點入手闡述，指出孟子兩個著眼點：一是由顯見隱，不就實然上說人之已善，而就潛伏的功能、內在心靈活動的趨向與此活動之顯發上說人之性善；另一是察人之所以為人的特色，顯出人與其他動物的真正差別所在（人之所以異於禽獸者）〔註15〕。由此兩點，引出孟子對於人性善的兩大論證：一者，從人皆有四端之心此自發之情表現於外的端倪上指出性善；再者，從人人皆同然、同悅於理義此人心之所安上指出性善〔註16〕。

　　前一論證，唐先生分三點說明之：第一，惻隱之心即有所不忍，羞惡之

〔註12〕 以上參見《哲學論集》，頁9。並參見《原性篇》，頁38～41，其中頁38所謂「本昔賢釋孟子之言」，蓋指如程子注《孟子‧盡心篇》第七十章之語：「五者之欲，性也，然有分，不能皆如其願，則是命也，不可謂我性之所有，而求必得之也。」（朱子《四書集注》）
〔註13〕 參見《原性篇》，頁38～39。
〔註14〕 此文收在《哲學論集》，頁127～136。
〔註15〕 參見《哲學論集》，頁127～128。
〔註16〕 同上，頁128～131。

心是有所不為，辭讓之心是有所不受，是非之心包含有所不以為然，這些都是消極的（亦即「有所不」或「有所拒絕」的）道德情緒，故不能說是由外在刺激所決定的，可見其「純由自己內部發出」，換言之，「人有自內發的道德主宰力量之存在，有內在的道德自我之存在，有內在的善性」。第二，孟子論惻隱之心特就乍見（忽然見）孺子將入於井即生發之為例，此即證明其發出非外有所為，非由先前之計慮，而是一種「直接自當下的自我內部生出的反應」（直感直應），故不可不說其出自內在的天性。第三，孟子還從小孩子「不待學習與思慮」，而能知愛親敬長的心理，以見親親之仁、敬長之義為人天性所有〔註17〕。後一論證，唐先生先就孟子「理義之悅我心，猶芻豢之悅我口」加以闡述，謂此即表示「道德是能滿足心之要求的」。蓋「理義之悅心，是行道德者之所直接經驗之事實……是一內心的幸福」，此即證明「道德是為人內在的深處心自始所要求」，否則如何能說明理義悅心的事實呢？既然「心自始要求道德」，這就表示「好善出於內心」而性為善了。由此類推，人人亦皆與聖人或我們自己一般能感道德理義之悅心，故一切人皆性善。常人或不感道德之悅心，那只是其「尚未真行道德而獲得道德」，故「尚未感」而已，並非「不能感」也〔註18〕。

　　然則「人性既善，何以有惡？」唐先生於此先直陳孟子之答為「皆由於未能盡其性」，亦即「未能盡其潛伏的為善之功能」，然後徵引孟子諸語，加以分析歸納而總括成一句話：「由於人心之陷溺於外物之環境中」〔註19〕。那麼，何以會陷溺呢？唐先生藉闡述孟子語而傳達了一個訊息：「依於人之自存欲與感覺性而有」，亦即「依於人與其他動物所同有之性而非依於人之所以為人之特性」。更明白適切地說，當人「為自存欲感覺性所束縛支配，專以逐取外物為事」，而「心未顯現其思之功能，亦即未表現其性」時，乃流於惡〔註20〕。唐先生如此說道：

> 在人之為自存欲感覺性所束縛支配，專以逐取外物為事而流於惡時，正是在人不思時，亦即人之所以為人之特性未表現顯發時……這即人心之梏亡，人心之陷溺，人心之不存……由心之不思性及未

〔註17〕 同上，頁 128～129。
〔註18〕 同上，頁 129～130。
〔註19〕 同上，頁 131～132。
〔註20〕 同上，頁 132～133。

　　表現而後有不善，倒反是以證成性之本善。〔註21〕

　　一切不善，只是人之感覺性活動與仁義禮智之性分離：身體耳目之
　　官與心之官分離，小體與大體分離，以致人只求由身體耳目之官之
　　發出之感覺性的活動之滿足，為外在之欲所蔽，及使心之功能仁義
　　禮智之性無由顯發……人只去盡其部分之性，也就根本不是盡性，
　　不能盡性。〔註22〕

夫怎奈人本為「感性欲望之小體」與「道德心靈之大體」（不只是理性，亦更是
性情）之雙重身份的存在，遂有感性欲望擾亂成為大患的可能。然道德心靈之
大體既為人所特具，其能感知感性之來去，亦能覺悟價值之存、道德之力，放
棄其功能或性情而自陷不靈，感性欲望之小體始脫離此道德心靈之大體，人始
任由感性欲望（可包括欲樂觀念之執著以及自我之執著或者說自私心、權力欲
等廣義的——唯在此處引文裡，此廣義者尚未顯明，只約略提到所謂的「自存
欲」）支配而只追求小體之滿足、只盡小體之性，遺忘了根本大體之性，道德心
靈遂失去其主宰的地位，而人乃有流於惡的情形之發生。但只要道德心靈一旦
有所思覺，即使尚未到達清明仁肫之地而欲望仍熾，這時處於交戰狀態，仍未
可說已流於惡；況思覺之漸於清明仁肫，則欲望退位或「歸於自然之生息而恰
中不氾濫」，甚至成為善性之表現或踐履（見下文）乎！所以，惡之發生，乃以
道德心靈之不覺思其自性及未表現其功能為前提，故不足以否定性善，反而適
足以證成性之本善。斯可謂辯證的統合，亦天地間之一弔詭也。

　　此處與前〈孟子言性新論〉解釋孟子「耳目之官，不思而蔽於物」為「言
耳目之官離心則為惡之原」，有相承之跡，然精詳自非前昔之可比，也不似前
昔直斷以「孟子以耳目之官本身為惡」。但此處仍尚未提及如日後《中國文化
之精神價值》〈中國先哲之人心觀〉一章裡所論觀念或抽象理性活動所形成的
概念，在一往縱欲而成惡的情形中所扮演的角色（見後文或參註釋九），則耳
目食色之欲本身對於惡當負怎樣的責任尚未明白。不過，徵之同文（〈孟子性
善論新釋〉）闡釋身體形色可統攝於仁義禮智之心而化成為「道德人格之表現
與象徵」之處（見下文）。可見得此階段，唐先生至少並不以感性欲望（身體
形色、耳目食色之欲等狹義的）本身必與理性不相容而即是惡也。

　　尤有進者，唐先生在此文中更探討了孟子何以「就人之所以為人的特性

〔註21〕《哲學論集》，頁 132～133。
〔註22〕同上，頁 135～136。

上論人之性」的較深理由，而承續前述〈孟子言性新論〉一文所說孟子言性的特殊涵義——「性中之求諸己而可得者」——以爲論，進行了更詳盡而深入的解析。

首先，唐先生說：「照孟子看來，只有從我們自己內部發出，而我們自己能完成之的活動，才可謂眞是出自我們之性。亦即只有我們自己主宰的才是我們之性。」〔註23〕依此以觀，感官活動因其「能繼續與否繫於外在之環境之能否與我們以滿足。如不與之以滿足，則此活動被阻撓；如繼續與之以滿足，則成無盡的追逐聲色之欲」〔註24〕，故不算是我們的眞性。反之，「無外力足以阻撓我們於道德的意志」，故道德活動「可以算全是自眞正的內在之自我發出，亦才算出自我們之眞性」〔註25〕。

乍看之下，此說似乎以「事實」上其完成或滿足是否「有待於外」爲標準，來決定是不是我們的性，而或起人疑慮此說泯失或化約了性之「道德」、「價值」意義，有「以實然決定應然」之嫌。但細辨之，一來，此乃爲符合所謂的「性」常是一個包含「存在之本然（方向）」義涵的概念（案：孟子亦謂之「才」，取「草初生」貌以象徵「本初之自我」），這就帶著某種實然意味，用於我人即意指「我之自性」，意謂「我自己的本性如何如何」或「我的生命原究可以是怎樣的一種存在」——若言「心」則大可直從應然之決斷切入，不必如此曲折；二來，此說關鍵在「自我主宰」與否，是則歸到無外在條件決定而由意志自己決定之「自律」，非訴諸自然事實以決定當然之思路者。所以，此說並未泯失了人性之價值意義。唐先生在此文亦明白解釋孟子「君子所性」爲「君子所當認爲性而盡之者」〔註26〕，即可爲證。然此說仍有不完備者在，即：「自宰」、「自律」或「無待」，應只就意志決定自己行爲時所依循的法則或原理之是否「斷然無條件」而論，換言之，就當下之決斷或動機之發出是否「不爲其外之條件所決定」而論，而不必以該行爲實際上之完成或滿足爲必要條件。故就如唐先生自己晚年於《中國哲學原論‧原性篇》所質疑：「何以求諸外，非人之所得而自盡者，即不可謂之性？如水下流遇阻，則不得自盡其下流之性，此亦非水不以下流爲性之謂也。」〔註27〕此等不完

〔註23〕同上，頁133。
〔註24〕同上，頁134。
〔註25〕同上。
〔註26〕同上。
〔註27〕《原性篇》，頁41。

備處，也在晚期《原性篇》裡得到徹底的解決。

其次，唐先生依孟子「君子所性，仁義理智根於心，其生色也睟然見於面，盎於背，施於四體，四體不言而喻」及「形色天性也，惟聖人然後可以踐形」，而闡釋了從順仁義禮智之性以安排自己之生活行為、以統制身體感覺性活動（簡言之，「以心宰身」），其結果便使身體形色化成為「道德人格之表現與象徵」，或者說化成為「我們內在的自我之真性之象徵」而「亦可說為即我們之性」，此一「形色天性也，其本身亦不能說是不善」的意義〔註28〕。由此，更結論出「我們內在的自我中本有以人之異於禽獸者支配人與禽獸所同的性，這也就是說從整個的人性來看人性是善的」、「仁義禮智之性即整個人格之性，即身體耳目之官之性，不僅仁義禮智之性為善，整個的人格之性亦善，從整個的人性中去看其中部分感覺性活動亦是善」之「人性善、人無有不善」的深義〔註29〕。

此文，唐先生除縷析清楚孟子性善論之論證脈絡並確立了其對孟子心性論的基本了解外，其闡述仁義禮智之性可「統制」、「滲貫」或「駕御」身體耳目形色之性一義〔註30〕，已為晚期《原性篇》全面而深入的解答「孟子何以自其前『以生言性』的傳統通說改而『即心言性』或「孟子『即心言性』可統攝『以生言性』之理由何在」〔註31〕，預鋪了道路，也化成為該解答中的「心對自然生命之踐履義」〔註32〕。

第四節　中壯時之拓深與擴大

——辯四端可涵蓋食色，及自然生命中本有虛靈創生的道德性情，並深論惡情之生與性理流行

其後《中國文化之精神價值》第六章〈中國先哲之人心觀〉，亦有擬似仁義禮智之心可統攝食色之情欲的論說，認為告子「由食色之情，以言性無善不善」之言，唯是「將人之食色之情孤立而論」之說，固不足以難孟子〔註33〕。唐先

〔註28〕參見《哲學論集》，頁134～135。
〔註29〕見《哲學論集》，頁135～136。
〔註30〕同註28。
〔註31〕參見《原性篇》，頁41～42。
〔註32〕見《原性篇》，頁44。
〔註33〕見《唐君毅全集》，卷四，《中國文化之精神價值》（以下簡稱《中國文化之精

生說：

> 夫飲食男女之情，自其本身言，固無善不善，然若隸屬於人之仁義
> 理智之心言，則爲善……因此二欲隸屬於此心，則人將由自己之求
> 飲食，而知人之求飲食；自己之求配偶，而望一切人之內無怨女，
> 外無曠夫，是即王道之本，其爲善固可無異辭也。〔註34〕

察此即相當於後來《原性篇》所述，自「心對自然生命之涵蓋義」以說大體
統攝小體者〔註35〕。唐先生又說：

> 夫飲食男女之情……自其爲自然之生化，而又滿足吾人好生之心，亦
> 只得謂爲善……因飲食爲生命與物之感通，以成就自己之生命；男女
> 之欲，爲生命與生命之感通，以成就新生命，此二者皆表示一宇宙生
> 命世界之自求充實拓展。吾人本吾人仁心而普遍的好生，則亦當好宇
> 宙生命世界之自求充實拓展，而視之爲一種自然之善。〔註36〕

此乃從自然生化或天地之化，看飲食男女原涵感通以求生命充實拓展之義，
而爲仁心所肯定者。是則亦已預涵仁義理智之心可統攝食色等自然生命，而
以逐人之情欲爲所涵蓋之內容者，故仍相當於《原性篇》所言「心對自然生
命之涵蓋義」者〔註37〕。

又該文（〈中國先哲之人心觀〉），更對照於學者考辨出來的「性」之古義
「本只指現實之自然生命，亦原可不含價值意義者」以及道家、告子言性之
說和中西哲人多以情爲卑之論〔註38〕，而指出：

> 孔、孟、易傳、中庸中，則即就人之自然生命活動，以發現一崇高之
> 道德價值，而主人性之善。並由表面爲被動之情中，見人有純粹自動
> 自發之性之顯於其中……人之自然生命實非如莊子之所言唯是一氣
> 化之流行。人性亦不如告子所言，唯有一保存自己生命與子孫生命之
> 食色之欲。乃實有一超個體生命而與一切人物相感通而成就之之心
> 情；及與我之生命所自來之一切父母祖宗之生命相感通，而順承之之
> 心情。即由此以見人之有遍覆萬物而對之有情（仁），而寄與敬意

神價值》），頁 161。

〔註34〕《中國文化之精神價值》，頁 161。
〔註35〕參見《原性篇》，頁 42～43。
〔註36〕同註34。
〔註37〕同註35。
〔註38〕見《中國文化之精神價值》，頁 153～154。

　　（禮），而使之各得其所（義），而貞定的成就之（智）之仁義理智之
　　性……此時之心情，乃直接對當前之境而發。由此所對境之特殊性，
　　及如是如是之心情之生動活潑性，即知其爲當下之生命活動之一開闔
　　或創新……能具此心情之自然生命，亦即包含一超自然個體之意義之
　　生命，而爲一精神生命或宇宙生命之直接呈現。此心情中所包含之道
　　德價值與善，亦即屬於此心情之自身，而見此心情之爲善，見此心情
　　之爲依一內在之善性之主宰而生者。此善性因其有客觀性與宇宙性，
　　復爲與生俱生，乃眞可稱爲天性或天命之性。〔註39〕

此乃認爲孟子（易、庸亦然，孔子則隱涵）肯定自然生命活動或情感中含有道
德或自主性之價值意義層面，由此以說人性，是即已揭靈「心之性情」一義，
而開啓往後《中國哲學原論・導論篇》之〈原心〉所論孟子「性情心」或「德
性心」，並且又蘊涵自然生命初不與道德價值相對反之意。甚至，此處更顯示人
之自然生命本就包含一種具有宇宙性意義之「精神性的情感」〔註40〕，而爲一
雖待感物而後動，卻是直接對當前之境而創闔開發之活潑潑的「主動性情感」
〔註41〕，乃感通、醒覺，能自我主宰而非純然被動者，是爲「天之所與我者」，
先天固有且與生俱來之才或本初之天性也。此則亦與上述〈孟子性善論新釋〉
之義理相順，皆肯定德性心或道德生命之初不與自然生命對反，且能超越自然
個體生命而涵具普遍意義和自我主宰性者。唯彼較強調道德生命與自然生命之
上下層關係，而由二統合成一，或者如晚期《原性篇》裡所說「心對自然生命
之踐履義」；此則較強調道德生命與自然生命之可謂本具於一元之中，或者如《原
性篇》裡所說「心對自然生命之順承義」〔註42〕。

　　由此感通之順承、創闔、主宰之義，唐先生進一步指稱：

　　心之與物直接之感通，乃與具體特殊之物相感通。故在感通之際，
　　此心之虛靈明覺，必特殊化而具體化，復因有所感通而充實化。由
　　是而見心之性雖虛靈，而又能充實，亦即心有求充實之性……生命
　　存在、心存在時，心固無時不自求充實，而充實於境也……心之性
　　所趨向之「充實」，亦即「由此自然生命與物之交感而相互貫通所成

〔註39〕《中國文化之精神價值》，頁154～156。
〔註40〕德哲 Nicolai・Hartmann 曾提出「精神性的情感」之說，以駁康德先驗的即皆
　　　　屬於理性的而與感性截然二分之說。
〔註41〕斯賓諾莎《倫理學》亦在「被動性的情感」外，另說有「主動性的情感」。
〔註42〕《原性篇》，頁43。

之生活世界」之日益擴大而得實現。〔註43〕

此可看作承孟子心之「擴充」義而闡發之。一方面，可說其中表述了心性走向生活世界，一一與殊別的萬事萬物交流感通而日益充實擴大，之實踐的歷史意義。此歷史，就其呈現為生活事象言，可謂複雜萬端；就其為心性所貫穿充徹而有定向言，又可謂單純統一——要不然，就是實踐的墮轉與混亂。另一方面，亦可說其中已隱涵後來《原性篇》所說「就心之生發生長而自向於其擴充以言性」（見後文）之義了。而若再承貫前文所謂「人之自然生命本有超個體而感通一切之宇宙性的道德性情」以觀，則更似已隱涵「在生命存在發展的歷程中，開展心靈境界」之「生與心可一如，固有虛靈而感通充實於境之性情」的微義，而為其晚年《原性篇》及《生命存在與心靈境界》之先聲矣！

又果如上言，心性既善而能趨向充實，然則淫亂、奪取、嫉妒、瞋恨等惡情從何而生？於此，唐先生可謂深體孟子「若夫為不善，非才之罪也」（《孟子・告子篇》）之微義，「綜合中國諸先哲之說，而去其葛藤」〔註44〕，歸到「性則無可責，而只為一純粹之至善無惡者」〔註45〕之性善深義。他分析說：

> 至於問此惡情所自生，則吾人可謂此乃依於吾人之原有好聲色及飲食男女諸自然欲望，而吾人之生命又為與其他物相對之個體。人自然欲望如食色等之生起，固原亦為一種求感通，亦依於性而有，其中亦包含一自然之善；唯在自然欲望中，吾人生命個體向一對象物求感通，恆即與「排開其他對象物，排開其他生命個體」之活動相連。此感通為我欲攝物而把住之，物對我亦若有吸引力，而若攝住我而把住我……此中之環連勾結與排斥，依自然而形成，亦依自然而解消。唯在吾人一往縱吾人之諸欲之發展，以求諸欲之滿足，並對他人加以壓抑，而只肯定吾之自我與吾之欲望之滿足，乃真有所謂惡。〔註46〕

只因人的生命未能超越其現實的相對有限性，以達到「無對」的境界，其自然生命的展現遂不只是正面和諧感通以至於普遍、無限，而是連帶的具有把捉、陷溺、排斥或甚至宰制的現象，其至也，惟有欲望化的自我、權力化的自我，形成一往縱欲及壓抑他人的邪惡。

〔註43〕 同上，頁 145～146。
〔註44〕 《中國文化之精神價值》，頁 152。
〔註45〕 同上。
〔註46〕 同上，頁 150。

唐先生繼續分析此眞正的邪惡現象之形成的原由說：

> 然吾人之所以有一往之縱欲及壓抑他人之意識，實一方原於吾人之
> 對他人之情，全無所感而漠然，或則是欲由他人之被壓制，以凸顯
> 自己。而此只凸顯自己之私心，則一方仍由與他人不能眞通情；兼
> 對吾人之具無限性、超越性之心或自我，有一自覺的執著，故欲由
> 壓下他人，以使之凸顯。另一方則原於吾人之有一「足欲之物」之
> 觀念，或「欲足之樂」之觀念，導引吾人心意傾注於一類物之追求，
> 與一類活動之發展。而此一類物、一類活動之觀念，正爲一概念，
> 亦即依吾人抽象理性活動所成者。如吾人無此抽象理性活動……則
> 一往縱欲，亦將不可能。自然欲望之求滿足，亦即有其自然之限度。
> 夫然，故此種情之不善，實非只原於情之爲接觸具體特殊事物者。
> 而是原於吾人之情之限制，及吾人「能形成概念與能自覺自我」之
> 理性活動本身，又限制於「所接之物之類與情之類」之中，而成一
> 對自我之執著；轉以限制情之充拓與開闢。唯此有限制之情理之相
> 結合，而後有惡情之生。〔註47〕

在情感上，不能眞實感通他人之情，而有所限制。在理性上，一者，實踐地
對無限自我產生執著的顛倒相（原爲普遍無限，卻誤以爲對峙的壓服他人始
能凸顯其普遍無限，斯不知反成自私而有限）；二者，抽象地形成「滿足欲望
之物」之類和「欲望滿足之快樂活動」之類等觀念，而「引導吾人心意，偏
向一方盡量追求發展，而限制此心於此一類物之追求、此一類活動之繼續中」
〔註48〕，原本無限的自我遂亦隨著心之偏向或限制，而成一味欲望追求之執
著的自我；理性由此兩者，遂「轉以限制情之充拓與開闢」。如此，有限制的
情理互相糾結，於是產生邪惡的現象，所謂「由一種心中所固執之觀念，依
欲而起，並對吾人本有之情之全量加以限制，於是『欲』、『觀念』及『情』，
乃互相膠結而成不善之情」〔註49〕。由此，唐先生歸結說：

> 惡情之爲惡情，如分別溯源於心之純智的理性或自覺力，與情之本
> 身，皆不可得。自情所生之性，或純智的理性，或自覺力所自生之心
> 之本身上看，皆不可說惡。惡情唯是依善性而生之情，爲心所形成之

〔註47〕同上，頁150～151。
〔註48〕同上，頁151。
〔註49〕同上，頁148。

觀念所限制，而橫流於狹道之產物。惡情生後可以積而成習，然終在
性上無根……此惡情、惡習之生，可以責情，亦可以責心之觀念、概
念，而不能責心之虛靈明覺之能之本身，亦不可以責性。惡情之生，
乃由此心未能顯其虛靈明覺，自所執之觀念解脫，並使性得充量的顯
於情。人以心性之未顯而有惡，正以證心性本身之善。唯心之未顯其
虛靈明覺，或性之未顯，可謂由人之未盡其心。故吾人亦可於一義上
責心。而性則無可責，而只為一純粹之至善無惡者。〔註50〕

「人以心性之未顯而有惡，正以證心性本身之善」，此正一脈相承前〈孟子性
善論新釋〉所謂「由心之不思性及未表現而後有不善，倒反是以證成性之本
善」之旨。唯此處更能掘發內中之曲折，將理智依軀殼欲望起念而執著助長
之以至縱肆之責合盤托出，不將惡之責徒歸諸自然的欲望情感（狹義的感性）
本身，而可謂歸諸「有限制的情理糾結」之廣義的感性，或者說歸諸「遠離
其純粹無對而未盡其性」的心。是則「人心惟危」而「道心惟微」，欲去惡盡
性，恢復其虛靈明覺或純粹無限性，將如之何？唐先生分別對應「情感之限
制」及「觀念之執著」而提出兩條路：

人之表現其善性，固可賴吾人運用其理性，以自具體的特殊事物中
解脫，由類推而開拓其心量，範圍同類之事物，以如理生情。亦可
賴對其他具體特殊事物之直覺，與具體事物之交感；而自吾人所執
定之觀念解脫，而亦開拓其心量，以感通異類而各有特殊性之事物，
而由情顯性。〔註51〕

前者乃大致相應於「情感之常陷溺於具體的特殊事物而限制了其量之開展」
一面，而希冀由自覺的理性活動以「輔助吾人之『依類而推致』其情，以及
於直接所接之具體事物以外之『其他』同類具體事物者」〔註52〕，猶孟子
所謂「凡有四端於我者，知皆擴而充之矣！」（〈公孫丑篇〉）。後者則大致相
應於「理智所成的自我或特定概念之常引導心之執著而限制了心量之開展於
他類諸特殊事物」一面，而直接就「生動活潑」之情之「隨順地」直感於其
他對象物或不同類別之物以超脫出前所感、所執者之外〔註53〕，猶孟子所

―――――――――――――――――――

〔註50〕 同上，頁 151～152。
〔註51〕 同上，頁 152～153。
〔註52〕 同上，頁 153～154。
〔註53〕 參見《中國文化之精神價值》，頁 151～153。

謂「以直養而無害」、「必有事焉而勿正，心勿忘，勿助長也」（〈公孫丑篇〉），
或借用王弼注老所謂「不禁其性，不塞其源」；其至也，「隨處與物相接而相
感通，無所窒礙執著」〔註54〕，這時即「表現吾人性情之全量，而亦表示
吾人之理性之全量者」〔註55〕，是則「此性即理，而其為理，則可為隨順
特殊之物，而有特殊之情之表現方式之理。故為真正具體而隨處顯現於與物
感應之際之生動活潑之理……此即中國儒者之融性理、融普遍者於特殊者之
教之密意也」〔註56〕。

此等主體道德實踐工夫，養之既熟，則「應然命令」或「強恕而行」之
跡亦泯，唐先生闡釋說：

> 最高之道德之生活，亦非永停於當然之命令與實際行為之永遠相對
> 之中，或永遠之勉強而行之情調中。當是於心所覺為當然者，皆直
> 覺為心之所不容已者，亦即心依其性情而實然地安之而為、樂之而
> 為者。於是道德上之理想境，皆當說之為性情中所本有之現實境。
> 道德生活中所要求之上帝與天心，亦當說之為即吾人之本心。此本
> 人亦即在真性正顯於真情之際呈露。一切超越的道德理想，皆當視
> 為內在於吾心之性理，此性理即天理。而性之顯為情，以遍接萬物，
> 即天理之流行於吾人之日常生活，天心帝德之顯於吾人日常生
> 活……至此境界，則吾人之道德生活，又由自覺而超自覺。至自覺
> 實踐道德理性之事，皆化為超自覺地順性理之流行，隨天機之自運，
> 不復見有所安排與思慮。此即人所以體天心帝德而立人極，是即中
> 國自孟子、中庸以至宋明理學所言之最高道德智慧，亦即人心性情
> 之最高智慧也。〔註57〕

此處可謂盛論「從心所欲不踰矩」之境，唐先生闡之已明，不遑多論；而其
晚年最後巨著《生命存在與心靈境界》之「天德流行境」（「盡性立命境」），
亦已發露於此矣！此雖非單論孟子，而含《中庸》、宋明理學等（孔子亦然），
然亦已明指為孟子以來之最高道德智慧也。

〔註54〕《中國文化之精神價值》，頁153。
〔註55〕同上。
〔註56〕同上，頁153～154。
〔註57〕同上，頁165。

第五節　中晚年之分疏與圓熟
——創造性詮釋孟子諸義理範疇，終豁然貫通而契會孟學精神核心，完成詮釋宏規

　　到了晚期《中國哲學原論・原性篇》，唐先生即承前述早年以來之詮釋，作了更全面而深入、完備的疏解，分別從心對自然生命的涵蓋義、順承義、踐履義、超越義四個方面，說明孟子所言心之「大體」其可統率主宰耳目感官之「小體」的理由，或者說「即心言性」可統攝「以生言性」的理由〔註58〕。並且更闡明孟子之即心言性乃是即「心之生」此一意義以言性，換言之，乃就四端之心之「生發現起」、「相續生長」而「自向」於其擴充以言性，不可說為西哲所言性質、性相之性〔註59〕；此即又通於《原性篇》稍前之〈孟墨莊荀言心申義〉（即《中國哲學原論・導論篇》之〈原心〉）一文中所謂孟子乃就「心之直接感應」言性之說〔註60〕。

　　在〈原心〉裡，唐先生闡釋孟子之心乃一涵惻隱、羞惡、辭讓、是非之情而為仁義禮智之德所根的「性情心」或「德性心」，非如墨家之純理智心或純知識心，亦有別於莊子的靈臺心和荀子的統類心〔註61〕。此「性情心」之說，唐先生在中期《中國文化之精神價值・中國先哲之人心觀》，已曾專節提出論析，以之為中國人心觀之中心並儒家所特言，乃更見心之具實效內容的主宰性、創闢性與充實性〔註62〕。然而該文是在區辨心之性情與心之虛靈明覺的差別之脈絡下，以突出心之性情的勝義；〈原心〉一文則重在強調此性情心乃初不待反省其與私欲相對反而後見，亦不須與其所不安、不悅處相對而後見，而是無所他為而為之「直感直應」（異於依欲望要求而生或依自然生理本能之需要與衝動而有之直接反應者）及直接之自悅理義（案：此直感直應及自悅理義兩者，亦分別承前述《哲學論集》之〈孟子性善論新釋〉所陳孟子性善論兩大論證的路數而來），故孟子的養心工夫純是簡截的直道而行，只在一當下能使心與事相孚之正面的盡心，尚無宋明儒重反省地對治負面者之較多曲折，是則「此心自善，

〔註58〕參見《原性篇》，頁42～46。
〔註59〕同上，頁46～47。
〔註60〕同上，頁38、46。
〔註61〕參見《唐君毅全集》，卷十二，《中國哲學原論・導論篇》（以下簡稱《導論篇》），頁94～95。
〔註62〕參見第四節，或詳見《中國文化之精神價值》，頁152～159。

只須人能直下承擔，可更不待擇」〔註63〕。

　　人稟心性，直下承擔，然而行有不得、遇若無可奈何之「限極」時，則將如何？此即孟子所謂「立命」的問題。「命」字在孟子中常與「性」字對稱出現，究竟其涵義爲何、佔著怎樣的地位？唐先生於《中國哲學原論·導論篇》之〈原命上〉（〈先秦天命思想之發展〉）一文即專節論析孟子的「立命」義，處理上述諸問題。認爲在孟子，命乃與義的觀念相連，我們所遭遇的某種限制本身並不能說爲命，而唯在此限制上，所啓示、呼召的我們之義所當爲而若令我們爲者，才是命之所存〔註64〕；換言之，「命不只爲外在之品節限制之意，而兼涵此品節限制之所在，即吾人當然之義之所在」〔註65〕。而「義之所在即心性之所在，耳目口鼻之欲，受限於外在之命，即受限於義，故非吾人眞性之所在。然人之行天所命之仁義禮智，即所以自盡其心性，故雖爲命，又即爲吾人內在之眞性之所在」〔註66〕。是則論孟子之命，又歸於「以心性爲本而攝知命立命之義於存心養性之教」〔註67〕。此義在唐先生最後巨著《生命存在與心靈境界》之「天德流行境」（「盡性立命境」）裡，亦時或承其意以爲說〔註68〕。

　　觀以上（第一節至此）唐先生自早年至晚期之系列詮釋孟子，由「即心言性、非即自然生命之欲以言性」，而「求諸己」、「就人之異於禽獸而所以爲人的特性上論人之性」，而「以心統身、化形色爲象徵」，而「生與心可一如，固有虛靈而感通充實於境之性情」、「惡情之生不可責於性，或以理或以情超拔之」，而「心之無所他爲的直感直應」、「此心自善，直下承擔，更不待擇」，而「以義立命、攝命於存心養性」，以至「心對自然生命之涵蓋、順承、踐履、超越」、「即心之生而自向於其擴充以言性」種種，則前頭所謂「興起人之心志以立人」之說，豈非已呼之欲出？只差尚未明顯冒現於意識之表層罷了！是則他日忽有所契會，實亦水到渠成、勢所必至也。

〔註63〕參見《導論篇》，頁95～104。

〔註64〕見《導論篇》，頁545～546。並參見《原性篇》，頁41。

〔註65〕《原性篇》，頁41。

〔註66〕同上。

〔註67〕《導論篇》，頁547。

〔註68〕參見《唐君毅全集》，卷二十四，《生命存在與心靈境界（下）》（以下簡稱《生命存在與心靈境界（下）》），頁195。

第六節　任重道遠，死而後已
——言性說道的方式及言默與論辯的態度

　　另外，孟子言說義理、興發人之心志以導人於善，必有其思維與表達的方式，亦兼有對言說的態度，故上述諸詮釋而外，唐先生晚期作品也先後提及和探討了孟子之言默、論辯及言性的方式與說道的特色，其中有部份為未正式發表的遺稿，可謂死而後已。

　　唐先生認為孟子乃承孔子「辭達而已」、「時然後言」之教而兼重言與默〔註69〕，並特重修身造道之默行或默教〔註70〕。又闡釋孟子的論辯目標乃：一者，基於「對古先聖賢的崇敬與篤信」而發，「意在使一切古今人物有價值之行事心志為天下人所共見，不對之更生偏邪之見」；再者，「為求知義理自身之是非」，所以「伸義理之正者是者於他人之心，以正人心」。故此辯非莊子所言出於成心、有所不見之辯，而正有其莊嚴仁厚的意義與忘言忘辯外之合理的論辯空間在〔註71〕。

　　至於孟子言性的表達方式，唐先生指為一種「通過辯難以自立的言說」，其辯難舉出理由非只自立說，亦兼答復他說的疑難與破斥他說；且其目標未嘗為辯說而辯說，亦非止於以善（惡）概念對性有一純理論性的確切規定，而是更有鼓舞人自內發德以法堯舜之實踐目的〔註72〕。但此兩點只「略顯」孟子言說方式的特色，卻還不夠獨特而突出。那麼，是否有更足以「代表」其特色者呢？曰：有。唐先生在《原道篇（一）》即透過與孔、墨比較，指出孟子言道方式：「除亦在仁道之內部作種種之分辨外，卻要先對人與禽獸之道，加以分辨」，強調「人之居禽獸之上，而將其在天地間之地位，加以升舉」，使人能重返自身主體，以反省自覺，見得仁義禮智諸德的端始本原（惻隱、羞惡、辭讓、是非之四端之心），而立德之根，自知人之所以為人或身為人類的真正獨特性〔註73〕。並在前述《導論篇》之〈原心〉裡，借由與宋明理學家程朱及陽明的對比，表示孟子指證性善（諸德的端始本原——四端之心：在此尤指是非之心以外的惻隱、羞惡、辭讓之心）的立言方式：初不待對照

〔註69〕　參見《導論篇》，頁227～228。
〔註70〕　同上，頁294～295。
〔註71〕　同上，頁277～280。
〔註72〕　參見《哲學論集》，頁770～772。
〔註73〕　參見《原道篇（一）》，頁217、218、221。

於反面之私欲或不善，而主要在「就我對其他人物之無所為而為的心之直接感應」上指證，以及「就心之直接的自悅理義而自安處」指證〔註74〕。凡此，皆可代表孟子言性說道方式的特色。此外，唐先生還基於孟子辨人與禽獸不同類之旨意或目標，而更進一步分析孟子的辨類不同於西方之純邏輯或知識觀點上的辨類，且深入闡述「我人與聖人同類」之義涵，指出此：「只是內在的說人自存有此幾希，而充之盡之，便至聖人之謂；非外在的說、或邏輯的說：聖人與人有相類之處」〔註75〕。此亦重在強調，依孟子，順本性之覺與充盡之道，即可優入聖域，是則意在增強人成聖的信心，而仍匯合至「興起人之心志，以向上植立之道」之孟學精神核心的契會也。

第七節　結　語

唐先生詮釋孟子學的歷程，略如上述，而其《生命存在與心靈境界》所展示的究極境界「天德流行境」，又稱「盡性立命境」，當也是由《孟子》配以《中庸》，並承宋明理學家，而得其名義也〔註76〕。孟子影響唐先生之深遠，由此可見一斑矣！以下我們就逐一來詳細論述唐先生孟子詮釋完成期裡，對孟子諸義理範疇及其思維方式與表達特色等的闡明。

〔註74〕　參見《導論篇》，頁95～98。
〔註75〕　參見《原道篇（一）》，頁219～221。
〔註76〕　參見《生命存在與心靈境界（下）》，頁195。

第四章 唐君毅先生對孟子思維方式和表達特色的契會與詮釋

第一節 論孟子之言默與論辯

一、對言與默的態度及其承紹

　　唐先生曾於論述孔子的言默態度中指出，中國思想有一視語言唯存在於人我心意之交通中的傳統，故或當言或當默，在孔子乃視是否能達到心意之交通以爲定，簡言之，「辭達而已矣」、「時然後言」〔註1〕。於孟子之言默態度，唐先生則引《孟子・盡心篇》「未可以言而言，是以言餂之也；可以言而不言，是以不言餂之也。是皆穿窬之類也。」一語，以爲孟子亦兼重言與默，乃承孔子之教而來〔註2〕。又說「孟子對人之教誨，有不屑教誨之一方式。不屑教誨，以待人之自知自覺，亦爲教誨之一方式也。」、「孟子雖善辯，而於他人之橫逆之言行之及於身者，則不與之爭，不與之辯，而唯先自反省其對人之是否忠，是否有禮。」等等以示孟子「固亦有不言不辯之義」〔註3〕。此即意謂不與爭辯、不屑教誨亦是一種「歸於默」以自省或教人的方式。

〔註1〕　參見《唐君毅全集》，卷十二，《中國哲學原論・導論篇》（以下簡稱《導論篇》）（臺北：臺灣學生書局，1984年全集版）（以下所引《唐君毅全集》各卷諸書，皆同此臺灣學生書局，1984年全集版），頁226～228。

〔註2〕　同上，頁228。

〔註3〕　同上，頁294。其中不屑教誨之教見於《孟子・告子篇》所載「孟子曰：教亦多術矣。予不屑之教誨也者，是亦教誨之而已矣。」

　　此外，唐先生更從孟子重視修身之行以自見於世的角度，對應於「天不言，以行與事示之而已矣」（《孟子・萬章篇》），而論說孟子「存心養性以事天」、「達則兼善天下」、「修身見於世」（〈盡心篇〉）之行事中，皆有其不事言辯之時，而以行事自見〔註4〕；況〈盡心篇〉孟子亦明言「殀壽不貳，修身以俟之，所以立命也」。此即從「道德實踐」的面向，以示其「默行」中涵具與天合德的宇宙意義或安身立命的人生歸向。他如《孟子・離婁篇》「君子深造之以道，欲其自得之也」、「博學而詳說之，將以反說約也」，朱子各有註云「欲其有所持循，以俟夫默識心通，自然而得之於己」、「欲其融會貫通，有以反而說到至約之地耳」〔註5〕，唐先生蓋即綜合此二註而說「朱子註以『默識心通，以歸至約』之義」，且本此義以言孟子固有孔子重默識之旨在〔註6〕。

　　凡此，皆於言辯之外，表示孟子亦重默行或默教。

二、論孟子言辯態度有其合理基礎

　　「默」誠重要而不可缺，然亦有不得不論、不辯之時。孟子云：「予豈好辯哉？予不得已也。」孟子即是廣為論辯、長於論辯者。於此孟子之辯，唐先生可謂護道求真之心切，乃直與莊子齊物論之論辯相照面，而別開生面。

　　原唐先生於莊子「本於其知人之相辯……受蔽於其成心……乃歸於雖有言有謂而又當忘言忘謂，以因天下人之各是其是，彼此之各暢其懷，以全其無待之情；故能與天下人相忘於是非，為『心之適』〔註7〕之義旨，固亦推崇為「能調適上遂，宏大而闢，深閎而肆」〔註8〕，然唐先生可謂深知莊子此義之論據的根本始點或先行條件在於認為「人之相辯者，皆不免於先受蔽於其成心，而有所不見，故人必自超拔於以辯求勝之心，乃能自拔於其成心之外，以通物我於一是」〔註9〕，故依理只要有非蔽於成心或非為求勝而出之論辯，便可越過莊子此處的排遣，而得立一論辯之道的可能。唐先生即循此理路，指出：

> 莊子之論辯之言雖善，亦尚有其未能思及之問題。此即其所視為原
> 於人心之「成心」與「不見」而生之辯，亦儘可只為人類之辯論之

〔註4〕參見《導論篇》，頁294～295。
〔註5〕朱熹集註・蔣伯潛廣解：《四書讀本・孟子》（臺北：啟明書局），頁193。
〔註6〕參見《導論篇》，頁295。
〔註7〕《導論篇》，頁277。
〔註8〕同上。
〔註9〕同上。

> 一種。人類固亦可有非出其成心，亦非原於有所不見而生之辯。人
> 亦儘可有導人由偏邪之見，以入於正見之辯等，而此辯與莊子之所
> 謂言，亦實難分……言無言之言，亦可視作辯……言可歸於無言，
> 則辯亦未嘗不可歸於無辯，如以辯去偏邪之見以立正見，正見立亦
> 即可不須再辯……則非莊子之說之所得而非。〔註10〕

此處所指「尚有其未能思及之問題」，或許並非莊子真的沒能考慮到該等問題，只是莊子痛切時弊而深深懷疑人間辯論者免於成心之蔽的可能性而已。其實，唐先生亦非不見及此，在其試圖融貫孟莊論辯異同的時候，即略顯此意了〔註11〕。故此處唐先生說莊子未能思及，蓋只在強調由於莊子未能相信人間有非出於成心或不見的辯論，遂不能積極地正視之、肯定之，以至於在莊子言辭中便全然地忽略之而一味破斥論辯，此時其心中可謂一點也未思及該等論辯的可能而相當於不存在其心中，則更不會去抉發或追究其他可能的論辯之類型了。所以，如實言之，莊子此處之疑只能表示主觀上的相信與否或者對既存現象的一種觀察、感受與判斷，而不能顯示出客觀義理上的必然性。如此，依理言之，便有在莊子外立一論辯之道的空間（此在孟子之辯中，即得一現實上可供證實之範例：甚而莊子本身豈不亦有其與惠施之辯？），更何況唐先生所指「言無言之言，亦可視作辯；言可歸於無言，則辯亦未嘗不可歸於無辯」實為有理乎！於是，唐先生合邏輯地在莊子外立一論辯之道的典型——孟子之辯。

　　唐先生指說有兩種在莊子所非之辯之外，非出於成心、不見，而是為去偏邪之見所生的論辯：一者，「為使吾人得知實了解他人之言——如吾人所崇敬之古聖賢之言——以及其行事志業，以去除彼由偏邪之見所加之誣枉，而有之辯」〔註12〕；二者，「為義理自身之是非之辯」，亦即「所以伸義理之是者於他人之心，亦使他人之心亦得知義理之是者正者，而得自正其心之辯」〔註13〕。

〔註10〕同上。

〔註11〕在《導論篇》第八章第七節「孟莊之相異與二家可有之契合」裡，唐先生有言：「莊子之所以不欲自以言辯申其所見之道或義理，以之正天下之人心，息天下之曲說……則在莊子深知人之知之有聾盲，人之成心之難去；亦深有見於人心之喜怒哀樂慮歎變熱之種種情感之不齊，與其意見是非之種種之不一。故莊子雖信有道通為一之道，而此道之是否為人所知，亦初視為無必然，故期之於萬世之後之得遇其解者。」（頁283）

〔註12〕《導論篇》，頁278。

〔註13〕同上，頁279、280。

孟子之辯，唐先生認為即是這兩種類型的論辯。從某個角度看，我們也可解讀成：唐先生是以孟子之辯作為一種見證，證實天地人間確可存在著超越成心與非出於不見的辯論。而況，莊子本身不也有其辯證滔滔之言及與惠施諸多侃侃之辯？此難道非超越成心與非不見者乎？

三、孟子論辯之道之第一型

相應於上述第一種論辯類型——為去除對人（如古聖賢）言行志業之誣枉之辯——唐先生指稱：

> 人謂孟子好辯，而孟子書所載其論辯之辭，其最多者，即為萬章篇等其弟子之舉時人之致疑於堯、舜、禹、武王、伊尹、周公、孔子，與其弟子（筆者案：指孔子弟子，如曾子、子思）之言行志業之言，而孟子皆不惜一一為之辯者……此孟子之諸辯，皆由於其不願其所崇敬之古聖賢，為世俗之偏邪之見之所誣枉，亦不願其自己之行事，為其弟子之誤疑為失道。此即一意在使一切古今人物有價值之行事心志為天下人所共見，不對之更生偏邪之見之一辯。而此辯，乃從孟子之對古先聖賢之崇敬與篤信而發出，即依於一極敦厚而莊嚴之道德情感而發出。〔註14〕

此即以孟子原典所載出現最多而不惜一一為之論辯的類型為據，證實孟子之好辯並非出於一己之成心成見而騁口舌之快以與人爭勝之權力欲望者，相反的，乃是基於義理、價值的肯定與虔敬，望一切曾經高度實現了價值義理的人格典範不被誣枉、扭曲，而能挺立天地之中、普遍照耀人間，如實為人所喻、所分享，故不得不積極地與誤疑者辯。是則出於莊嚴的恭敬心與敦厚的不忍之情等道德性情，而運是非之心之辯也。在此，我們可補充說，此等孟子之辯也並非被政治或社會權威蒙蔽而盲從肯定之、辯護之，亦非為了維護自己的地位，否則孟子何來「說大人則藐之」的英氣？何來「天爵與人爵——良貴與非良貴」之高卓諄切的分辨？更何來心胸坦蕩、理智清明、興發理想心志之振振雄辯？除此補充外，我們還可換個角度說，這種論辯是孟子談論心性之善而起以行之的一種自我實踐，是道德端萌的一種擴充或展現，故能正氣浩浩而沛然莫之能禦！

〔註14〕同上，頁278。

　　唐先生又進一步評比莊子以顯孟子，認爲以上由對古先聖賢之崇敬與篤信而發出之論辯正爲莊子所缺乏。他指出：「莊子之書中，又多有所謂『重言』，其借歷代公認之古人之言以自重……並或爲古人造作故事，以成『寓言』，自寄其意……以見重於天下。此雖不同於藉茲以邀名，或以作辯論求勝之資，然要非直以崇敬之心對古人者。」〔註15〕此即對照於孟子書所常出現的論辯之言，以觀莊子書所常出現的重言、寓言，而說莊子較缺乏對古人的崇敬之心（雖未輕薄古人）。他又舉《莊子・齊物論》「春秋經世先王之志，聖人議而不辯」之言，而評說：「然於世之人之誤解此先王之志與此聖人之議者，莊子又將若之何？此則必非『議』之所能盡，而有待於爲此先王聖人之後者，對此先王之志、聖人之議，更有所辯明。而莊子……不知眞由此議而知先王之志者，若見他人之妄議此聖人之議與先王之志者，則必不能已於辯……此乃爲聖賢之志業之眞實所在辯，非爲一己之成心成見辯。是即在莊子所論之辯之外之辯，而爲孟子之所及者也。」〔註16〕此即是說，孟子爲聖賢志業的眞實所在而辯，基本上乃深體聖賢之志而爲崇敬之心、道德之情之所不容自已者，也是爲扭轉世人對聖賢之志的誤解或妄議，而理所必須、事所不得已者，並非出於一己之成心成見，故可越過莊子之排遣，而亦正爲莊子之所不及處。

四、孟子論辯之道之第二型

　　再相應於前述在莊子所非之辯之外的第二種論辯類型 —— 爲義理自身之是非之辯 —— 唐先生評比說：

　　　　孟子所不能自已之辯之第二種，亦即爲求伸義理之正者是者於他人
　　　　之心，以正人心之辯也。莊子……亦未嘗不望其義理之爲人所知，
　　　　而皆能如莊子之能本道通爲一之旨，以齊物我，而去其成心之是非
　　　　也。然莊子則未嘗期人之必喻其所言之義理，而伸辯其說於天下，
　　　　以正天下之人心，唯望萬世之後之有一人能知其解者，相遇於旦暮；
　　　　若唯賴念此，聊以自安者。此即緣其以天下皆爲沉濁，而世人皆爲
　　　　不可與言者之觀念害之。而此亦即其不免於寧爲失人之智者，而不
　　　　肯爲失言之仁者之故……然仁者則大可寧失言而不失人：則縱以天
　　　　下爲沉濁，仍當與之莊語，而望此天下沉濁之世之人心，得正於萬

　　　　　──────────────
　　〔註15〕同上，頁278～279。
　　〔註16〕同上，頁279。

一。此即孟子之所志之懇切之處,而非莊子之所及。今誠只順莊子
之態度,於自申其所見以言無言之後,即更不言,以與天下相忘;
則亦將任天下之人,各自本其成心爲用,各爲是非,以相蕩無已,
則天下將日沉濁而不可救……徒增加其慨嘆而不能自拔……視爲無
可奈何之命,而自安之,斯亦已耳。若欲拔之,則蓋必學孟子之辯,
以求正人心爲事矣。〔註17〕

蓋莊子對世人陷溺於成心之是非,雖致其慨歎,對天下之沉濁,雖亦有其不忍
之情,然理智太過、自視彌高(自視爲能獨與造物者游,而自超於世俗塵垢之
外),深見世人知解之聾盲、種種情感意見是非之不齊,故雖信有道通爲一之道,
但於此道是否爲人所知、爲人所悅所同然,則未嘗有深信而初視爲無必然,乃
不敢言以其道易天下而正人心,遂歸於忘言忘辯〔註18〕。於是不免於寧有孔子
所謂「可與言,而不與之言,失人」之不仁的缺失,而不願犯「不可與言,而
與之言,失言」之不智的過失。反之,孟子大仁,遇有一人未得義理之是、之
正而偏邪其心,甚至邪說惑世,即惻然不忍,不容自已地跟他莊重述說義理。
若偏邪稍甚、固執成心,言說而不能聽,則或不得不照會之以莊正之辯論,透
過知言善辯以抉發或點醒其心之陷溺、矯飾之所在,切中心病地展示義理之眞
是非於其前。遂寧可承受一旦「不可與言,而與之言」之失言不智的過失,也
不願失去挽狂瀾的任何機會而致仁心有所憾。故縱使天下沉濁,仍肫肫懇懇、
汲汲切切,勇於以正人心息邪說自任而一一與多方之士論辯,不徒空自慨歎無
可奈何而自安命,更且由此若外在限制之命以見拔除天下沉濁之道義使命的呼
召,而當下承擔,行義以盡性知天立命,所謂「仁者必有勇」也。

　　於此,人或云:(1)仁者固必然有勇,然在面對邪說時,勇之表現方向
是否唯有與之論辯一途?豈無智以爲中介,而運智以決定不同的表現方式
乎?如莊子或其智有見於天下紛擾、各據成心,以爲雄辯不僅無益,更且治
絲愈棼、病上加病,倒不如止辯忘言、互不爭勝,無爲而後成其各自逍遙,
遂捨對外雄辯而選擇了對內節制、超克爭辯求勝之心,此節制、超克不也屬

〔註17〕同上,頁280~281。
〔註18〕參見註11。又《導論篇》,頁284,唐先生有云:「莊子之不免自視爲能獨與
　　　　造物者游,而自超於世俗塵垢之外……自視彌高,則見世人之心之與之同然
　　　　者彌寡,莊子乃益不敢自信其道,可爲人所共知共見,爲人心之所同然同悅,
　　　　乃不敢言以其道易天下而正人心矣……於自申其心於天下之事反恧,乃歸於
　　　　忘言忘辯。」

於勇的一種表現方式？（2）又當我們以爲面對邪說時，焉知其爲眞邪說而當關？焉知非我們蔽於成見而誤視之爲偏邪？

　　對第一點質疑，我們可回答說：誠然，仁者之勇的表現方式固不只論辯一種，就如前文所示孟子也有不屑教誨、不與爭辯而歸於默的表現，此即敢於謝絕以教人或勇於反躬以自省的方式；然而當面對學說偏邪之一一個別的人，未懇切盡力與之相辯前，又焉知必然無益？焉知不能在論辯中，由善知人之言而知其生心害政之偏邪所在，進更爲辯說以得正其心，而邪說遂得自息耶〔註19〕？唐先生言：「人心既正，則偏邪之辭說自息。故正人心，即能息邪說。非謂孟子之說盛，能將邪說壓倒而息之也。」〔註20〕循此，則孟子之辯以正人心、息邪說，無異透過知言論辯以去人之成心、不見，讓人發其衷心、出自自覺地幡然改易，而非憑主觀之意、爭勝之心，鼓蕩其雄辯震懾的氣勢以壓服他人，或甚至營造橫滿天下論壇的威勢而掌控言論之權以傾軋眾說、鉗制異議之士，亦非必得辯至他人接受方止，卻不管他人信服與否也。是則孟子之辯亦無礙於天下人之各自逍遙，更且能無憾於仁者望拔除天下沉濁而當下承擔之志，無任人「各本其成心爲用、各爲是非以相蕩無已」也。此中，孟子仁懷之所以長勇於表現爲雄辯的途徑以求正人心，除了客觀形勢上楊、墨之言盈滿天下，孟子憂懼「是邪說誣民，充塞仁義……則率獸食人，人將相食」（〈滕文公篇〉），並其主觀上自知具知言善辯之能（〈公孫丑篇〉孟子自云「我知言」）外，更在其智見深以爲人心於理義有同然、能同悅，而其然、其悅能擴而及於一切正當的分殊義理，則原則上皆可透過「辯以示之」的途徑，以使任何一個人契解得義理之是者、正者、當者而欣會於心〔註21〕；蓋孟子承儒者述而不作的傳統，守先待後，下學上達，自處在人群中而自視

〔註19〕唐先生有云：「蓋吾心所見之義理之正者，固賴吾之言，以與天下與（筆者案：此"與"字疑爲"之"字）人共見，而他人之心之所見者（筆者案：此"者"字疑爲多出之字）之不正者，亦可即緣他人之言以知之。故知人之言，即我之所以知人之心。我由人之言辭之偏邪之所在，即可以知其生於其心，而將害於其政之偏邪之所在，使我得更爲辯說，以得而正之者。」（《導論篇》，頁281。）

〔註20〕《導論篇》，頁281。

〔註21〕唐先生曾表示：「孟子之所以善辯，則在其能知言。」（《導論篇》，頁281）更有云：「孟子則更有見於人心之自有其所同然……人心既同然同悅於禮義，則一切義理之正者，皆人所可同以爲然而悅之者。聖人先得我心之所然之義理，而我亦即可本此我與聖人之心之所同然之義理，以申之於天下，並知天下之人心，亦將此義理皆同然而悅之，則人心即可得而正，邪說可得而息矣。」（《導論篇》，頁283。）

為人之一，堅認一切人與我及聖人同類、同具有可擴充至無限的仁義禮智之本心，故有此深信也〔註22〕。

再就第二點質疑而論，誠然我們可能因蔽於成見遂誤他人之說為邪說而當闢，但是只要我們真的存心向在義理本身之是非，真的是為義理之是者正者得伸於他人之心、得明於天下而辯，即可在論辯的過程中修正、擴大其所見的義理，以自拔於其成心之外，而「不必先自拔於其成心，以忘彼此而通人我之分，方能由偏以達全，開蔽以成通」〔註23〕。此點，唐先生分析甚明：

> 人類亦皆可為所見之義理之得伸而辯，固不必皆因此義理之為其成心所執，方為之辯也。此中人之自謂其為義理辯者，固亦可實因其成心所執在此，方為此義理辯：亦可因其成心之限制，而彼所見之義理乃止於此，其所見之義理，遂偏而不全……然人於此若能真全心向在義理，則此人之心向在義理，亦即可使人自拔於其成心之外。此即因天下之義理本身之可相連，以由狹以及廣，由淺以至深，由偏以達於全之故。人之心真在得義理，即可自擴大其於義理之所見，而即此所見義理之擴大，以自拔於其成心之外。不必先自拔於其成心，以忘彼此而通人我之分，方能由偏以達全，開蔽以成通也。人誠能念念在義理之本身之是非，或念念為義理本身之是非而辯，則其言雖或當或不當，人亦可逐漸自矯其所不當，以自得其所當。而於凡他人與之辯之言，彼亦只須真以求知一義理本身之是非之心，與之相遇；亦將能隨處得益，以他人今日所言之是者，易其自己昔日之所見之非。則人之辯，不必如莊子所說，皆依於人之有所「不見」，而亦正所以使人由不見至見者也。此中之關鍵，唯在人之辯是否以求知義理之本身之是非之目標為定。〔註24〕

〔註22〕唐先生即對照於莊子而分析說：「莊子於其內篇，未嘗言及人人之心亦皆有『同於彼之有得於道』，而『然此道悅此道』之心性。……然孟子則深信人心之同然於理義，而同悅於理義：此乃依於其信聖人之與我同類，一切人之與我及聖人同類之故……又依於孟子之只自視為人之一，而先有上承孔子之學與堯舜文武周公之行事之志……先自居於守先待後之地位，亦自處於人群之中，以入孝出悌為先務，無以自異於常人；故反得深知此人皆可以為堯舜，人之心性之有所同然，而敢以正人心息邪說自任……乃更有當今之世，舍我其誰之概。」（《導論篇》，頁283～284。）

〔註23〕參見《導論篇》，頁279～280。

〔註24〕《導論篇》，頁279～280。

依此見，辯論之是否能引導自己或他人趨向於義理之眞、之全，進而得正己心或正人心，關鍵並不在於未辯論之先即已完全拔除成心定見，以忘彼此、通人我，歸於止辯忘言，也不在於辯論之間所言所論皆爲切當正見與否，而繫於論辯的過程中辯論者的態度是否眞在求知義理本身之是非，及其背後所抱持的動機、目的是否眞有爲伸張義理之正是者於人心、於天底下之惻然仁誠。於此，細究之，我們固然可以說：當人成心偏執太甚，權力欲炙、求勝制人之心過強時，欲其心常向在義理，爲義理本身之是非而辯，不亦甚難而不切實際乎？則此時如莊子般強調「照之於天」、「莫若以明」（〈齊物論〉），由人我相對爲偶之辯破、彼此是非相因互明之辯明——此如實言之，亦論辯之一種也——以致思治病之方，望藉此拔除以辯求勝之心、超拔於成心之外，自亦可更有其減除病上加病、心魔造害之功效，故莊子之教乃不可廢。然而，我們更可以說：當人情識尙未肆蕩、成心偏執不深之一般常態下，課勉其在論辯過程中以求知義理本身之是非爲目標而心向在義理，以此與他人之言辯相遭遇，則其亦可逐漸修正或擴大自己義理之見，並得影響他人，以共日造於義理之整全與深微，一旦豁然了悟心同理同之共根生長，貫通乎人我之意、天地之德，則人我兼善，不獨成己且亦成物，仁智並得無失矣，故如孟子捨我其誰以正人心、闢邪說之教誨擔當，除具備或緣亂世不得已起爲震聾發聵之嚴嚴雄辯以挽狂瀾之意義外，乃較諸莊子更有其不離日用常行之極高明而道中庸的順成勝義在也〔註25〕。

第二節　論孟子言性說道方式之特色

一、第一個特色——「出以辯說」

我們知道孟子「道性善，言必稱堯舜」，然其如何道性善或以何方式指證

〔註25〕唐先生在其《生命存在與心靈境界（下）》（《唐君毅全集》，卷二十四）一書裡，曾比較儒釋耶云：「唯有人之執障較淺，我慢不甚，依賴心不強者，然後不必先用其智慧以破執，而用其智慧以直契悟其具先天之純潔性、空寂性之赤裸裸之生命中之靈覺，而直下由此以見其形而上之本心之所存。此則儒者之道，待其人而後行者也。」（頁 213）又云：「若直對治人之罪苦而設教，耶穌釋迦之教，亦有其足多者。此固皆不同於儒者之教，初爲心靈病患輕或尚未大病之人設，其教要在使人由日用常行之易知易行者，以自致於極高明，致廣大，而非在去除生命心靈之病患於事先者……直依人之生命存在之本性，而立一『順以成之』之大中至善之教，則唯儒者之教，足以當之。」（頁 214）

性善，則我們未必能清楚顯於意識之中。唐先生即縱觀先秦言性方式的發展，順此脈絡突出了孟子道性善方式的特色。

唐先生考察孟子以前之言性。認為孔子前，說到人性，尚未將它視為一論述的主題而說之，而只在陳述一般人間事物與自然事物之言說中附帶提及而已〔註26〕。由左傳詩書中附及於性之文句以觀，唐先生指出「其時人對人性之思想（之）初無性惡之論，並重在即生命之生長而可變化與功用以言性等。此即見中國人對性之原始思想之方式，初非將人性與神靈之善相對照，由此以見人性為惡之方式，亦非『即人物之現實之表現而具特定之形色以劃分人物性之種類』以說性之方式。」〔註27〕

在孔子，則以人性為論題而較明確說出的只有「性相近，習相遠」一語。唐先生認為，由此對舉成文，可見相近之性可連繫於相遠之習，乃見得此性有變化生長以連繫於相遠之習的可能，而可說其中孔子之言性方式乃由「性相近」一論題（命題）說至「習相遠」一論題，也可反過來說是由「習相遠」以說至「性相近」，但未嘗於「性相近」舉出其何以相近以及於「習相遠」舉出其何以相遠之理由，況《論語》中又載子貢謂「夫子之言性與天道，不可得而聞」，故可以說孔子於性概念雖略有說而實未見其陳述理由以詳論〔註28〕。

相對於孔子，孟子之言性善與連帶之習，則皆舉出理由以說之。例如依「同類者舉相似」之理據，由孟子自己與聖人同好理義、同具四端之心而同為性善，以言人人既與我及聖人同類便亦皆為性善〔註29〕。又如言「富歲子弟多賴，凶歲子弟多暴」，則明似舉出人在富歲凶歲所習環境不同的事實為根據，以見習足以致人與人之相遠〔註30〕。

然而，此舉出理由以言性，並不足以顯出孟子言性方式的特色，因為此非必始於孟子，且尚屬喜思維者平常之舉。唐先生即已指出孟子書中所載告子之言「性無善無不善」以及他人之言「有性善有性不善」與「性可以為善可以為不善」諸說，固皆同有其所以如此立說的理由了〔註31〕。不過，此諸

〔註26〕參見《唐君毅全集》，卷十八，《哲學論集》（以下簡稱《哲學論集》），頁765～766。

〔註27〕《哲學論集》，頁766。

〔註28〕參見《哲學論集》，頁765～769。

〔註29〕同上，頁769、130。

〔註30〕同上，頁769。

〔註31〕同上，頁769～770。

說所據的理由「皆甚爲簡單，亦不見爲此諸說者互相論辯時，將如何答不同其說者之論難之方」〔註32〕，而孟子言性之陳述理由則複雜得多。唐先生說：

> 孟子書中則既載孟子之所以斥告子言性無不善（筆者案：此「無不善」三字當爲「無善無不善」之誤）而不言性善之辯難，亦載孟子之所以指證性善之各方面之理由，而更兼載孟子之所以答人之致疑於性善而與之辯難。而孟子之言性善乃不只正面言性善，亦反面言「不言性善者之非」，並兼言人之所以爲不善之故，與人之爲不善而不礙性之善之故等。〔註33〕

由此，唐先生得出「孟子之言性善之言說，亦即爲一通過辯難以自立之言說，而不同孟子書中之餘三說之只各據其理由以自立說者。辯難中之理由之舉出非只所以自立說，而兼所以答復他說之疑難，亦兼所以破斥他說……」〔註34〕。簡言之，孟子言性方式可謂「以辯說指證性善之方式」〔註35〕也。

二、第二個特色——「另有實踐目標」

此外，唐先生又深察孟子滔滔論說性善的背後心意，由「孟子道性善，言必稱堯舜」的孟子整體言說形式，指出孟子未嘗爲辯說而辯說，其言性善非止於以善（惡）概念對性有一純理論性的確切規定，而另有其（超言說的）目標〔註36〕。此處之意，即在表示孟子之言性方式除了上面所說「以辯說指證性善」一特點外，也有相應於某實踐的超越目標而進行其言說、論辯人性的另一特點〔註37〕。關於此點，唐先生闡述說：

> 時人稱孟子道性善，而下一語則「言必稱堯舜」。道性善所以證仁義禮智非外鑠，而根於心，故人皆可以爲堯舜。「舜居深山中與木石居、與鹿豕游，其所以異於深山野人者幾希，及見一善行聞一善行（筆

〔註32〕《哲學論集》，頁770。
〔註33〕同上。
〔註34〕同上。
〔註35〕同上，頁769。
〔註36〕參見《哲學論集》，頁771～772。
〔註37〕唐先生於總論中國先哲說性之方式時，即將「非只視人性爲一單純的客觀所對，而說其爲如何，亦非止於求知此人性之實爲如何，而兼是爲依據人性以實現某人生理想，完成某一人生嚮往，或成就聖賢之人格或人文之教化而說性」（或簡言之「恒不止限於得眞理，而恒兼有一超越的目標以說人性」）視爲中國先哲大體上說性之最顯明的共同方式。詳見《哲學論集》，頁762～764。

者案：及其聞一善"言"、見一善行），沛然若江河之莫能禦（筆者案：若決江河，沛然莫之能禦）」，即最見人之向善之心與文野無關，純由內發。故孟子之稱堯舜即所以指證性善，而指證性善亦所以使人法堯舜。二者不可分。即見孟子之言性善亦非即止於言性善，而固另有其所以言性善之目標在也。〔註38〕

此處乃謂孟子指證性善另有欲使人法堯舜之目標，而稱堯舜亦所以指證性善。

蓋欲人法堯舜，除了稱道堯舜以興發或保持一般對堯舜德業的超越嚮往外，更須大幅拉近人與堯舜之距離以增強人之信心，並顯示堯舜成德歷程的切近處或內在本質根據以資人行工夫之入手。稱舜原與野人稀異，即徹底拉近人（無分文野）與舜之距離，則「舜何人也？予何人也？有為者亦若是！」（《孟子・滕文公篇》引顏淵語）稱與野人稀異之舜見聞於善便興向善之心而沛然莫能禦，即示道德性情心之直感直應乃與人之為文為野無關，而純粹是由內在的本質於見聞善言善行之契機感觸引發下自然興發，且一旦興發即如江河決口，充量而沛然，故其成德實至切近而根於內在之性，是則其性非善而為何？舜之性既善矣，同為聖王之堯何獨不然？而人人與原若野人之舜其相異也者又幾希？如是豈非人人皆同於堯舜之性善乎？故從某方面看，稱堯舜即所以指證人之性善並增強人自己本性為善的信念而興發擴充之也。

然而，即使如上之善稱堯舜，人或仍以為堯舜天縱之聖之性者也，吾人無此夐異天秉終難企及，遂墮減其法堯舜、追聖賢之心志；更何況人或仍不甚了了堯舜之所以為堯舜，不明其成德稱聖的內在本質根據為何或者說其內發的向善之心的本質內容為何，則又何能高度自覺自律，體現真正的德性價值，達成完美的人格？故稱堯舜而外，更須道性善，多方強調或論證人人皆固有善性，善非由外鑠我，而實根於我心（猶孔子所謂「人能弘道，非道弘人」），具體指證或闡發善之實徵——四端之心、仁義禮智，如此才能堅定人與堯舜心同理同而皆可以為堯舜的道德信念，而積極效法堯舜，並且也才能自覺自律、出於理性地效法，而非盲目偏邪，生命乃得以充實而有光輝。

綜合此處之分析以言之，孟子說心性乃兼而另有或相應於「教人緣此本有之善，以自興起其心志，而尚友千古——如法堯舜」〔註39〕之主旨目標而

〔註38〕《哲學論集》，頁772。
〔註39〕參見《唐君毅全集》，卷十四，《中國哲學原論・原道篇（一）》（以下簡稱《原道篇（一）》），頁214。

爲之也。此「兼有或相應於某實踐的超越目標而言說人性」可說是孟子言性方式的第二特點。

三、第三、第四兩大主要特色

——「以嚴辨人禽異類爲先，而突顯人道，強調內在的端始本原」；「就心之感應生發和悅好理義的純粹直接以指證性善」

孟子之言性，不論就理論面看或就實踐工夫面看，皆俱見其精神思想，故其言性其實亦即在說道，只是說道不限於言性而亦可以是辯說禮樂、引證詩書、論爲政貴民等等罷了。所以孟子言性方式的特點都可說是其說道方式的特點。今統言性與說道而續論孟子言說之方式，則我們要進一步論述的是：固然「出以辯說」及「另有超越目標」可謂孟子言性說道方式的兩個特點，但如果撇開其具體理論內容而純從理論形式或言說方式以觀，則這兩個特點實只能說可以「略顯」孟子言性說道方式的特色，卻尚不足以「代表」其特色。何以故？一者，孟子雖善辯矣，然其辯之夐絕群倫者，集義所生的浩然正氣之興人心志也，論辯情境中的具體知言之無所遁逃也，而不在其辯說形式之繁複嚴整也，若語夫繁複嚴整，則其世先後之墨、莊、名、荀有所不讓焉〔註40〕；再者，孟子誠高尚其志、楬櫫巍巍理想以言性說道矣，然「兼有超越目標以言說」之一方式亦孔、墨、老、莊、荀子共有之特徵，非孟子所獨具也。

然則足以代表孟子言性說道方式之特色者何？曰：先嚴辨乎人與禽獸異類，以使人反省自覺人之所以爲人或人德之內在的端始本原，而言人道善性也（見下文）。（此點，唐先生雖未明確標示爲孟子言說的「方式」，但其《原道篇卷一》第五章第二節〈孟子言道與孔墨之不同，及孟子之人禽之辨〉精闢比論孟子言道與孔墨的不同，觀其整體形式，實無異論述孟子說道方式的特色。）再曰：要在「直就人對其他人物之無所爲而爲的心之直接感應上」以及「就心之直接的自悅理義而自安處」，指證此人之所以爲人或人德之內在的端始本原（四端之心，於此尤指惻隱、羞惡、辭讓之心或情），由此以言性善，而初不待對照於反面之私欲或不善以立言也（見下文）。

〔註40〕 唐先生有云：「荀子既將其言性惡之義，聚於性惡一篇……此實爲一有立、有破，有申釋有答問而體系嚴整之辯說。今如不問性善性惡之理論內容之是非，而唯就理論之形式而觀，則荀子之一書言性之辯說方式，固進於孟子一書也。」（《哲學論集》，頁771。）

唐先生說道：

> 于是孟子起，重發明孔子之道，乃不得不一方闢墨學之言義之只重歸于客觀化之實利之思想，亦重發揮孔子以仁言義之旨，乃說仁義皆內在于人心，並重申儒者言喪祭之禮與樂之價值。孟子之言，自大不同于墨子。然墨子之學既爲新出，孟子之重申孔子之學，亦自必當有其新立之義，而其言亦不得皆全同于孔子。〔註41〕

此乃就思想發展史的內在理論線索，以論孟子雖承孔子以仁言義及重視禮樂的精神主旨而重申之，然因其必須面對墨家只重外在客觀化的「人與人以愛利相施報」的義道之思想系統以及引申而有的視禮樂爲無用的論調〔註42〕，故其論學較之孔子多了一個闢墨學的時代使命，而其重申孔子之學遂亦必當有其新義也。此新義並不只在於孟子將孔子之言所即可意涵或當涵之「仁義皆內在於人心而人性爲善」的主旨〔註43〕，透過說明和論證與以明確化的陳述而已，更在於其言說此道此旨時的特殊方式。

此特殊方式即是：除了如孔、墨「在人道內部作種種分辨」外（孔子要在「辨君子與小人之分、夷夏之分」及「辨爲己之學或爲人之學」；墨子要在「辨義與不義之分、聖王與暴君之分」，此皆在人道內部辨），卻要「先對人與禽獸之道加以分辨」，強調「人居禽獸之上」，而「將人在天地間的地位升舉」，以突顯人道——這便有異於孔子「未嘗特論人與禽獸之不同」，更異於墨子說「人位居天與鬼神之下」而強調人當「上法天、事鬼神」以立義道於天下者〔註44〕——而且，此所突顯的異於禽獸的人道，則要在「就人之主觀內在的心性之自動表現，爲此諸德（筆者案：仁義禮智）之端始本原處言」，初只是一種人所獨有的「突然生起而不知所自來」之「內在的不安、不忍、不屑之情」或「內在的感動」之「幾希」；故不同於孔子之「未嘗多及心性之原始表現者」，更大異於墨子「向外看此諸德之客觀的意義價值者（愛人利人

〔註41〕《原道篇（一）》，頁216。

〔註42〕參見《原道篇（一）》，頁216。

〔註43〕同上。並參見《哲學論集》，頁768。

〔註44〕參見《原道篇（一）》，頁217。另外可補充一點：孔子雖如唐先生所說「未嘗特論人與禽獸之不同」，然當孔子感慨「鳥獸不可與同群，吾非斯人之徒與，而誰與？」或馬廄失火而「問人，不問馬」時，似乎也可從某種角度說已自然發其人與禽獸地位有異的價值意識，只是較突顯的蓋是其人間悲情和關懷的次第，而未特別由此強調人禽之辨以提起人之心志耳。

之客觀外在的事功）」〔註45〕。

　　此孟子「以人與禽獸對觀，而言人與禽獸之別……可說是將人客觀化為天地間之一類存在，而後有之論」〔註46〕，其言類，亦「當有所承于墨子之用名」〔註47〕。唯墨子只「以人與天鬼對觀」，天為上、鬼神為中、人處下，「未嘗更及於人以下之物」，以如孟子論人在物上而提撕人格之尊嚴〔註48〕。至若比云孔子，則「類之觀念非孔子所重」，孔子可說生活在一究竟的天地人我相感通的渾全世界中，而「不將人類客觀化為天地間一類之存在」，自然「固無此人與禽獸之辨可說」〔註49〕。引申唐先生此意，我們或可說由孔子渾全之境以觀「將人客觀化為一類之存在」之辨類活動，則辨類似為一破圓而出之分裂、區別的活動。然而，此區別分裂活動，是否只為消極負面的呢？答案我看是否定的。因為，嚴格說，這得看此活動依何而起又歸底於何處，得看相對於終極境界流行之聖果言，其歷程是否具有朝向聖果的客觀辯證意義或促進達成聖果的主觀實踐智慧。而君不見，即使在孔子，不也要有君子與小人、夷與夏的分辨，而卻顯然的具有甚為積極正面的意義！——固然此分辨非一般知識上的分類，但也總不能說其中不含有分別的意義。更何況孔子曾感慨「鳥獸不可與同群，吾非斯人之徒與，而誰與？」又當馬廄失火時「問人，不問馬」，是則在此人間悲情或關懷次第的背後，豈不亦隱然有其人與禽獸地位或角色有別的意識？類此，當我們體察孟子此辨別人與禽獸不同類的旨意時，可明顯發現其目標「又不真在客觀的辨萬物之類之有種種，而要在由辨人與禽獸不同類，以使人自知人之所以為人」〔註50〕。換言之，孟子此等辨類雖不能不含有理智的分別活動，而將人客觀化為天地間的一類存在，然其出發點與歸趨則別有所繫，乃透過辨類分別的活動歷程，使人容易反省自覺到自己真正迥異於禽獸的地方——那做為人的高貴本質所在，或者說人格的尊嚴與價值所在，而實即諸德之端始本原、成聖成賢之心靈根據，初只是「突然生起而不知所自來」之「內在的感動」之「幾希」者——故亦顯然有興發人的高尚心志以趨向聖賢境界之積極正面的意義。

〔註45〕參見《原道篇（一）》，頁221。
〔註46〕《原道篇（一）》，頁217。
〔註47〕同上。
〔註48〕參見《原道篇（一）》，頁217。
〔註49〕同上，頁217～218。
〔註50〕《原道篇（一）》，頁218。

唐先生闡述說：

> 此自知（筆者案：自知人之所以爲人），則要在人之能重返于其自身
> 之主體，而加以反省自覺。由此反省自覺所得者，唯是人之生命心
> 靈之自身之性，爲其仁義之德之根之所在者。此其思路，又大不同
> 于墨子，而同于孔子之言學言仁，必在人自己之生命心靈上立根，
> 而重人之內省自求之功者。然孔子之言人之內省自求之事，要在對
> 他人而言學者當內省而求諸己、以盡己……不可只求在外之聞達，
> 亦不可只多所求于人之所以待我，更不可求之不得，而怨天尤人……
> 今孟子進而將人與禽獸相對而說，則學者之學爲己之學者，亦兼所
> 以別人于禽獸，方見其學乃所以學爲人（筆者案：此處「爲人」乃
> 「做爲人」之意，音義不同於與「爲己之學」相對而言的「爲人之
> 學」之「爲人」），而盡人倫……亦特重即人而言人道，與人之所以
> 自興起其心志，以爲聖賢之道之故也。
>
> 此人與禽獸之別，孟子又謂其初只有幾希之別……人欲不爲禽獸，
> 只有順此幾希而存之充之，並盡人之所以爲人之道，至於成聖成賢，
> 然後乃得全免於爲禽獸……則人只有或仁而爲聖賢，或不仁而爲禽
> 獸……如其眞不爲禽獸，則又不只爲一般之人而已，亦必將爲聖賢
> 之人而後止。人與聖人同類，不與禽獸同類，則人之與禽獸，正有
> 天淵之別也。〔註51〕

此意謂：孟子透過人禽不同類的分辨，以促使人重返自身生命心靈主體，而
自覺其爲仁義的根源，由此獲得自身人性尊嚴的絕對肯定，莫大地鼓舞通向
聖賢的心志。此一基本路向大異於墨子之必重外在實際功利，而同於孔子教
人返歸自家身心，內省自求、在生命心靈上立根之爲己之學，然亦自有其教
人從人禽之辨契入的新義在。關於此人禽之辨，孟子又警醒我們人與禽獸雖
不同類，然其差別起初只有那麼一些些（就如明王船山所謂「壁立萬仞，止
爭一線，可弗懼哉」〔註52〕），故決不能不戒愼恐懼，善存養此幾希之異（四
端之心）而擴充之，以至聖賢而後止，否則即不能眞免於爲禽獸之類。是以，
終究言之，人只有兩條路可以走：或者放棄其自身中那麼一些些絕然異於禽
獸的寶貴東西而沉淪爲禽獸，要不就只有奮勉向上，把那人類才有的寶貴東

〔註51〕 同上，頁218～219。
〔註52〕 同上，頁219。

西充分呈顯發揮，展現高度的「可能性」，而後始能眞成爲一個「人」，呈現出「人類」的本質意義（人類之所以爲人類）。如此嚴辨人禽，令人悚然驚覺，乃或不禁惕勵不沉淪爲禽獸而興發成聖賢堯舜之心志也。故誠如唐先生所又言：「孟子之教，即要人自識此幾希，而存養之擴充之，以實成其仁德；並知此幾希雖微，然人之成爲具仁德之仁者，以至有如墨子之愛天下人、利天下人之無盡事功，其本原亦只在此幾希。故學者即當首在此本原處，自施存養擴充之功，爲其先務，而不可如墨子之只向此愛人利人之客觀的事功上，看仁之價值與意義矣。」〔註53〕此言之顯豁而甚能突出孟學之精神矣！孟子云：「廣土眾民，君子欲之，所樂不存焉。中天下而立，定四海之民，君子樂之，所性不存焉。君子所性，雖大行不加焉，雖窮居不損焉，分定故也。君子所性，仁義禮智根於心……」（《孟子・盡心篇》）其斯之謂歟！

　　然而上述謂孟子教人要在「重返自身主體，以反省自覺得人德之內在的端始本原（幾希），而存養擴充之」，且由此以言性善云云，據《中國哲學原論・導論篇》之〈原心〉以觀，則唐先生又不以爲乃以「是非之心之智」爲主，以反省心中當然之理與私慾之對反，而自覺心性之善；相反的，唐先生認爲惻隱、羞惡、辭讓之心居四端之三，且更爲孟子所重，而其指證此數種心之存在以見性善的立言方式，與宋明理學家之程朱、陽明指證性善的方式相較，乃有直接（孟子）、間接之別（見下文）。唐先生在〈原心〉裡，分別從「無所爲而爲的心之直接感應」及「心之直接安處悅處」兩方面加以分析孟子指證性善的立言方式，這看起來正與前文所轉述唐先生意指的「人所獨有的『突然生起而不知所自來』之『內在的不安、不忍、不屑之情』或『內在的感動』之『幾希』」相呼應。

　　唐先生先自前一方面分析說：

> 程朱之言性善……乃由人所自覺之當然之理處看性。此理無不善，故性善。此中乃以理爲媒介之概念，以指出性善。程朱所以言人仁義禮智之性即是理，大率一方由其恒與私欲相對反而見，一方由其爲普遍大公而見。此是由孟子之言性，再轉折一層，而引生之論。陽明由良知以言性善，除其見父自然知孝，見兄自然知弟等語，與孟子意無別外：復喜由良知之知善知惡而又好善惡惡，以見良知之性，乃安於善而不安於惡。此亦即無異由良知之性之自善其善，自

〔註53〕同上，頁221～222。

肯定其自己之善，而否定非真屬於其自己之不善，以言良知之性為至善。此亦是對照反面之不善之念，而把在上之良知之善性反顯出，而加以論列之法。此二種指證性善之論法，皆上有所承於大學中庸之義，而為孟子所倡性善論之更進一步之發展或新形態之表現。此二種論法，亦皆待人反省其心中之當然之理與私欲之相對反，及良知之善善惡惡，而後能了解……嚴格說，皆重在孟子所謂是非之心之智上立根。而孟子之言性之由心見，則是非之心，只居其一。惻隱之心、羞惡之心、辭讓之心，乃居其三，且更為孟子所重。孟子之指證此數種心之存在，則主要在直接就事上指證，亦即就我對其他人物之直接的心之感應上指證，以見此心即--性善而涵情之性情心，此心是初全不須與其反面之人欲等相對照，而後能見者。此便與伊川陽明等所以指證性善之立論方式，頗有不同。〔註54〕

此要在論述程朱、陽明之指證性善乃比孟子多了一道明顯的是非善惡判斷之理智反省上的肯定或否定的曲折過程，即使陽明除性之「知善知惡」外亦強調性之「好善惡惡」之情，然較諸孟子之重在直接就生活世界中不待理智思維之「道德心之直感直應」之事行上或情感上以指證性善的方式，則孟子之立言仍最直接切於「渾無分別」或「無所為而為」之性情心或德性心的原始相貌〔註55〕。至於若要問其間立論之精粗、疏備或高低，例如人或以為陽明程朱之教更能確認事行間心之直感直應之是否純粹無夾雜而為真正的道德情感，或以為孟子之教更能當下直切興發人之德性，則都是另一問題，非此處所欲詳論。又，這裡所陳指證性善方式之直接、間接之別，當只是表示言說之"主軸重心"或"著重程度"頗有差異罷了，非謂孟子全然輕忽是非之心之智（引文中唐先生亦只說：「是非之心，只居其一。惻隱之心、羞惡之心、辭讓之心，乃居其三，且更為孟子所重……主要在直接就……指證」），否則一切義利是非反省之功在孟子豈非皆不可說了，而人與禽獸異類之辨又豈非即失去價值類別對照以行分辨之初始根據乎？

　　唐先生再從另一方面分析說：

　　　孟子之講性善，一方是就上述之無所為而為之心之直接感應上指證，再一方則就心之直接安處悅處指證。此安或悅，亦不須是與其

〔註54〕《導論篇》，頁95～96。
〔註55〕此處除依上述引文（註54者）而論外，並參依《導論篇》頁96～98。

> 所不安處不悦處相對而後見者。如孟子由禮義之悦我心，以指證人
> 之好善，人心之性善。此人之覺禮義之悦心與人之好善，是可全不
> 與惡或不善相對者。因此中可只有所好之善，所悦之禮義。人行禮
> 義而悦此行禮義之心，人行善而好此善心，實即禮義心之自悦，善
> 心之自好……此中可並無能好與所好，能悦與所悦之別。此時乃心
> 在悦中，悦在心中，心在好中，好在心中。此方是性情心之最原始
> 之相貌。孟子……實乃直契孔顏樂處，以言性善。後來宋明理學家，
> 則要在由人欲淨盡之工夫，以達天理流行之境，而證實孔顏之樂處
> 何在。陽明亦有「樂爲心之本體」之言。則理學家之歸宿處，固未
> 嘗不同於孟子。然宋明理學家程朱一派，由理善以指證性善，及陽
> 明之由良知之是是非非，以指證性善之立言方式，則與孟子之所言，
> 有直接間接之別。〔註56〕

此乃言孟子從心之「直接的自悦理義而自安處」以指證性善，其悦其安只是
渾然純樸、悦好理義的善心善性之自然充盈流露，既是能悦、能好，同時亦
是所悦、所好，不待如程朱、陽明對照於反面之人欲或不善而非之、否定之
以突出性理或良知之存在而後言性之善。故孟子指證性善的方式，要爲直接
而不待曲折者。

　　循上述，人或疑心性之直感直應爲一種自然生理本能之需要與衝動的直
接反應，或者將之與「依於心先有之欲望要求而生的反應」混爲一事，實則
皆不然。唐先生即作了區分，認爲依於心先有之欲望要求或生理本能衝動之
類的反應都是「有所爲者」，亦即「爲達到人原先之自覺或不自覺之另一種目
的者」，而「不能見人之本心之性」，「此正是孟子之言本心時，所要加以揀別
開者」；於是舉孟子論證本心性善之例，如「委親溝壑，他日見之，其顙有泚」
之「非爲人泚」，以及「乍見孺子將入於井，皆有怵惕惻隱之心」之「非所以
納交於孺子之父母也，非所以要譽於鄉黨朋友也」（此非爲人泚、非所以納交、
非所以要譽三者皆表示其非爲了心先有之欲望要求而生）、「非惡其聲而然也」
（此表示其非出於生理本能的衝動反應），以說明心之直感直應固非「在反應
之先之『有所爲』者」〔註57〕。在此，唐先生所謂「有所爲者」、「爲達另一
種目的者」，乃指繞出純粹的本心之外，而另先行取徑於諸如名利等欲望要求

〔註56〕《導論篇》，頁98。
〔註57〕以上參見《導論篇》，頁97～98。

或自然生理本能的需要與衝動，爲之所決定而求其滿足以產生的反應，其質、其層次自與本心之感應流行大異，而唯有抖落這一切夾雜，任由純粹固有的心之自然生發、直感直應，才能真見到人的本心。這當中可以說隱涵著心性感應發用之「無任何其他條件決定或限制」而「自我決定」、「自我興發湧現」，之「無限」、「自由」的意義，絕非欲望追求或生理本能衝動之反應者所可比擬。如此，我們便可恰當地理解唐先生所說「只有不是爲滿足吾人原先之『所爲』，而直發之感應，乃可見人之本心。而此處之感應，即皆爲無私的，公的，惻隱、羞惡、辭讓、恭敬、是非之類。故人之性是善的。」〔註58〕之義理，而不致誤生疑慮了。

以上唐先生所謂「先嚴辨人與禽獸異類，以突顯人之所以爲人之道、強調內在的端始本原，而言人道善性」，可謂孟子言性說道方式的最大特色；其次，唐先生所指直就心之「無所爲而爲的直接感應」及「直接的自悅理義而自安處」，以指證此人之所以爲人或人德之內在的端始本原，而言性善，則可說是另一大特色了。且顯然的，這兩大特色實緊切相貫也。

四、孟子辨類之進一步闡釋
——析論其辨類方式不同於西方知識傳統，闡明其論類的精確意義和精神涵量

上文已詳論「先嚴辨人與禽獸異類，以突顯人道，而強調內在的端始本原」乃孟子言性說道方式的最大特色，承此，我們還要進一步補充論述一要點——孟子此等人與禽獸不同的辨類方式，並不等同於西方知識傳統的辨類方式——從而闡明孟子論類的精確意義，烘托出其背後的精神涵量。

唐先生特別指出：

> 孟子之辨人與禽獸之不同類，雖是辨類，然其目標，在使人自覺其所以爲人，以至盡人道，而爲聖賢，故……又不同于西方哲學家如亞里士多德之辨萬物之類，而謂人是理性的動物等。此西方式之辨類，純爲邏輯或知識之觀點上之分類，故小類屬于大類，如動物亦爲人與其他禽獸所屬之大類。此大類，初只是一邏輯上之大類之概念，而非真實存在者。論小類屬于大類，則亦當重人與禽獸之共同

> 之處，故亦可說人是動物。然孟子之辨人與禽獸之別，則只重此幾
> 希之不同之處，而無「人是動物」之可說。若只說人是動物，則此
> 動物之概念中，無此「幾希」，則猶同于說人是禽獸矣。若重此「幾
> 希」，則當說人非動物，亦如其非禽獸也。〔註59〕

唐先生這裡的分析，消解了關於辨類所可能引生的某些疑惑，亦可與牟宗三先生《圓善論》裡「生之謂性」辯的論點相發明。西方自然科學、科學心理學與若干流行哲學式的分辨人與其它萬物之類，乃把人及萬物皆視爲認知心所對的一一客觀的個體存在或經驗對象，通過對這些殊別的經驗對象的儘量觀察、實驗以及假設、比較、推論，將具共同點的存在，歸納劃分成一類，形成一固定的概念（類概念），此即成「自然事實」或「經驗知識」上的所謂種類性，如牛、犬、人等等。然種類與種類之間又可「抽象」出更普遍的共同性質或性相（無論是現實的或潛能的），而統合歸屬爲一更大的類。如此層層統合繫屬，歸成層級不同的大小類。愈大的類外延愈廣，邏輯上的集合愈大，但內涵也愈抽象形式化、純粹概念化，而愈超離具體眞實存在者〔註60〕。故此等西方式的辨類，不只在於分辨出一種類與他種類間的差異，以顯出某一種類的特殊類性，更在於尋找其間的共同性，組織層層的類別繫屬關係，以構成系統化的自然知識體系。所謂「純邏輯或知識觀點上的分類」，蓋即此意。如此，當其論人類時，雖間亦強調人的理性成分——此所謂理性，若只是如上之平鋪的認知實然的方法所得者，則亦僅僅是「自然的推比計較活動」之理性，並不足以表示出人的神聖價值〔註61〕，還好，高尚如亞里士多德，則亦大有超出如上方法之處，而能運用超越反省法，透過內部反省而向上轉進，以得知人具有位居一切所對萬物及概念之上一層次的純「能對」或「思想的思想」之理性本身〔註62〕——然而總更要或不免要順其知識態度、因其知識體系，將人繫屬於動物此大類之下，述說或甚至強調人也和禽獸一樣是動物，而不能像孟子般全然出於崇高的道德心境，主宰乎動物性而置之於下位，以把焦點和重心完全放在人的獨特性上、幾希之處，凸顯出人作爲人的

〔註59〕《原道篇（一）》，頁219～220。

〔註60〕以上可參見《唐君毅全集》，卷十三，《中國哲學原論·原性篇》（以下簡稱《原性篇》），頁20～22。並可參見牟宗三：《圓善論》（臺北：臺灣學生書局，1985年7月初版）（以下簡稱牟宗三：《圓善論》），頁9～10。

〔註61〕參見牟宗三：《圓善論》，頁9～10。

〔註62〕參見《原性篇》，頁22～24。

真實價值所在或者人所以異於禽獸之「價值上的差別」〔註63〕。在孟子，可謂守先待後，上承堯舜孔子諸先聖，下俟天下或後世有志之士〔註64〕，順其高卓、恢宏的內在道德情懷和意志，去看待人類，去抉發人的價值理性或道德潛能，作一「超越的肯定」，故其辨人類而言人性時，已超越經驗知識之類概念的框限（其論理歷程中，初雖亦將人客觀化為天地間一類之存在，作為「類推」人人與聖人同然之一憑藉，以增強說服力，望人信之不疑，然其所謂的「人類」仍與純由經驗知識之類概念所指涉的人類出入甚大。詳下文。），而由人「價值上」迥異於禽獸、動物的「幾希」來理解人、期待人。於是，孟子一再強調人非禽獸（亦可說非動物），積極肯定人格的尊嚴與力量，而由此內在的道德心性來闡明人性，興發人成聖成賢的心志。

　　此由價值上絕異於禽獸的幾希之處（道德心性）來理解孟子所說「人之類」或「人之性」一義，唐先生更進而從主體「動態發展」的工夫歷程面或者說實踐以存在的「可能性」說明之，而非將人類或人性看作一固定不變的性質而已——雖亦有一基本方向和內容（惻隱、羞惡、辭讓、是非之心）以為端始本原。唐先生反歸生命主體工夫歷程而析論「人聖同類」之義說：

> 所謂人與聖人同類，乃由「人之自存其與禽獸相異之幾希，而充之盡之，以至于極，即是聖人」上說。此乃自人之內在的存有此幾希，

〔註63〕 牟宗三先生分析孟子與告子「生之謂性」辯，即區分了「事實上或知識上劃類的不同」與「價值上的不同」。他說：「這類不同之性既是個事實概念，亦是個類概念，總之是個知識概念。我們對于一個個體之存在，通過經驗所知者就只是這些。這種知識概念之性，依經驗事實之知識之觀點而觀之，是一律平等的，並無價值上的差別。依孟子，人之知覺運動，飲食男女，固不同于犬牛，然若只是這樣去了解人之性，則人與犬牛並無價值上的差別，雖有事實上劃類之不同……因此，孟子理解人之性，其著眼點必是由人之所以異于犬牛的價值上的差別來理解之。」（牟宗三：《圓善論》，頁10。）又說：「其所以反對『生之謂性』是只因為若這樣說人之性並不足以把人之價值上異于牛馬者標舉出來，這明表示孟子另有說人之超越的真性之立場。」（牟宗三：《圓善論》，頁6～7。）至於唐先生，雖似未如此明明白白以「價值上的不同」或「價值上的差別」之詞語來解說孟子所謂人與禽獸之異，然至少亦含有此意。如其云：「人有此四端之表現，得見其不同於非人，以為其仁義禮智之德之端本原始，即其價值與意義之所在也。」（《原道篇（一）》，頁222～223）此不正表明人之有四端即人在「價值與意義」上不同於非人（或禽獸）之意嗎？又如其云：「孔、孟、易傳、中庸中，則即就人之自然生命活動，以發現一崇高之道德價值，而主人性之善。」（《唐君毅全集》，卷四，《中國文化之精神價值》，頁154。）此亦顯然由生命活動中之道德價值義涵以說人性也。

〔註64〕 參見註22。

及人可充之、盡之，以使人逐漸同于聖人之歷程上，說我與聖人同
類；而非外在的、邏輯的將人與聖人比較，見聖人亦是人類之一份
子上，說其為與我同類也。若如此說，聖人乃于人之涵義上，加一
聖之涵義，聖人乃人類之大類中之小類，如人是動物之大類中之小
類。則吾人亦可說人非一般之動物，聖人非一般人，人與動物或禽
獸不同類，聖人與其他之人亦不同類。此即明與孟子意相違……蓋
只外在的說、邏輯的說，則人與聖人有相類之處，亦有不相類處……
乃不同之類概念，又豈可必說聖人與我同類哉。〔註65〕

「人之內在的存有此幾希」即謂人之生命主體本身存在著道德端萌或潛能，
「充之、盡之以漸同於聖」即「動態發展」的工夫歷程或實踐以存在的「可
能性」。則合此兩者，由「人內在自存此幾希及充盡之至極即是聖人」上以說
我與聖人同類，其義分析言之，即表示我之能同類於聖人，並不以我之假藉
外求或借助外緣工夫為必要條件（甚至，此幾希之充盡體現以至成聖，乃以
其自身內在的力量為根本動力，故《孟子・告子篇》云「思則得之，舍則失
之」，又引孔子言曰「操則存，舍則亡」），亦與站在一般自然生物學或科學心
理學立場，只從人之生理構造或心理機械反應等嚴格言之實屬客觀外在化的
種類性層面以說聖人與我同類者不同，而是就超越反省而得或直接感應而現
的我生命自身中本具的道德端萌和力量或者說本質潛能，與聖人無異，以及
深信其可徹底發展實現而入於聖境，以說我與聖人同類；換言之，是就人固
有良知良能、理義之心（仁義禮智之心），而能呈現體證之，以及其能無限量
發展以至於聖極之存在的可能性以說之。此中「與聖人無異的本質潛能、道
德端萌或內在道德力量」的存在之肯定，非為了知識體系的需要，以比較人
與聖人，並先行假設、經過實驗，而後置定其為「人類」之一內涵者，亦即
非基於一般經驗知識的態度而外在地、邏輯地認定者：「其可徹底發展實現而
入於聖境」之深信肯定亦然。故若誠依唐先生此處之解，則孟子所說我人與
聖人同類，其核心意義就如唐先生所云「只是內在的說人自存有此幾希，而
充之盡之，便至聖人之謂」〔註66〕，或者用孟子自己的話說，「聖人先得我心
之所同然耳」（《孟子・告子篇》）。此究實言之，乃一「出乎道德心境之超越
的肯定」，而須由我人自行去踐履填充以證實者，並非基於「一般經驗知識」

〔註65〕《原道篇（一）》，頁220～221。
〔註66〕同上。

的態度，先持一既有經驗之「自然事實」上關於人是什麼的種類性概念，然後外在地、種類歸屬地看待和比較聖人與我人，而邏輯地將聖人與我人皆歸納入此「人類」內涵之外延中，以說其爲同類者，否則即會如唐先生所指「若如此說，聖人乃於人之涵義上加一聖之涵義，則亦可說聖人非一般人，聖人與其他之人亦不同類，又豈可必說聖人與我同類哉」，而「與孟子意相違」了。

由此以觀唐先生之詮釋，可謂深入孟子辨類的核心意識矣。然尚隱約有一模稜地帶待釐清，此即：固然可如上而謂「只是內在的說人自存有此幾希，而充之盡之，便至聖人」乃孟子辨我人與聖人同類而與禽獸異類的「核心」意義，但說我人與聖人同類時，是否「全無」一般自然經驗類概念的辨別在其中扮演著某種角色呢？當唐先生說孟子「將人客觀化爲天地間一類之存在」時，此中「人類」之義難道一點也不含帶著一般自然經驗類概念的意義嗎？

答曰：否！唐先生上述關於孟子辨類之論，當非全然否定其中含有一般自然經驗類概念的意義，只是認爲此非孟子所欲論，而更特特強調其中超越於一般經驗類概念之上的內在價值自覺，那透過道德實踐工夫以抉發和開展的可能性或可能意義——換言之，那與一般自然感性經驗層次不同之超越的高度經驗——且恆不抽離掉此等價值自覺發展的特殊能力或超越意義，甚至更以之爲焦點核心，以說人之類（這可以說是一種「特殊的類概念」吧〔註67〕！），而看似忽略掉其中「一般經驗的類概念」罷了！然則豈可必說兩者不相容乎？唯所持態度有本末輕重之異而已。其實，細看唐先生所言「只是內在的說人自存有此幾希，而充之盡之，便至聖人」，其中「人自存有此幾希」一語，並不就排除此所謂「人」除了「此幾希」外，也可同時具有如一般自然經驗的性格等其他義涵，故此語中的「人」當是泛說「具體存在的整個生命人格」。但因其爲立體而非平面的，遂又可有上下層次、本末輕重之分，就看所取態度立場或心靈境界而定。唐先生之詮釋即採取內在價值自覺、道德開展的立場，以縱貫地說人之類，故有「只是內在的說」等等之強調字眼，並非意謂這道德義涵是孟子言及人之類時唯一僅有的意義也。

〔註67〕唐先生亦有兩種不同意義的「類」的說法：「如由孟子之辨人與禽獸之類，而謂孟子之辨類，如西方邏輯與知識觀點上之分類，此又不知此二『類』之義之不同類，而不知孟子之所謂『類』之義者也。」（《原道篇（一）》，頁220）

我們且致思：假若孟子辨類中全無一般自然經驗類概念的運用，則禽獸與人之間自然類性的區別泯除了，這時候只有經由內在反省直覺而來的性情意志等等具有超越的價值意義者之顯隱有無的辨知，並無自然義的「人類」或「禽獸」等經驗概念物以為辨別、判斷的對象，那麼何以會獨獨肯定人類聖心潛存，可登聖境，而不連同禽獸亦一樣強調其可如此呢？固然假設有某一禽獸真表現了純如聖人的道德之行，孟子當亦定然予以肯認，推崇其為聖者，而不會執著於該禽獸之經驗形氣，反之，某人背理亂紀，墮落沉淪為禽獸之行，孟子亦將痛罵其非人，如云「無惻隱之心，非人也；無羞惡之心，非人也；無辭讓之心，非人也；無是非之心，非人也。」（〈公孫丑篇〉）而悲其「違禽獸不遠矣」、「人見其禽獸也」（〈告子篇〉）；但畢竟孟子仍明明視此等「人而禽」為放失、墮落之變故，且想當然也畢竟將視此等「禽而聖」為變例也。可見在孟子，除了「價值上」的人禽之辨外，當仍有「一般自然經驗形氣上」的人禽類別之分，只是後者非其所要強調的重點所在，其或順具體存在之生命歷史經驗而自然肯認、預設之，或取之以為興發「人非禽獸之類而可同於聖者」的人格自覺之一淺顯易明的媒介罷了！

我們復致思：唐先生壯年時，曾依孟子「就人心之所同然上論性善」的論證，而詮釋孟子之意說：「聖人亦是人，聖人能感道德理義之悅心，聖人之性善；則一切人之性亦善」，並以為「孟子是根據類推，即同類者必相似。」〔註68〕試問此中所謂的「同類之人」到底是何意義呢？豈不是由綜合了人之形體、情感、意志、思想、良知良能等等一切經驗形氣與理性心靈所構成或所展現的整個「立體存在的生命人格」概念嗎？這「生命人格」概念雖以「悅理義之心」（「本心」）或者說「價值自覺發展之能」為核心義涵而立體地縱貫上下，並非橫面平鋪者，然自也當包含關於人之一般經驗形氣的義涵或自然經驗類概念在其中才是。觀《孟子・告子篇》原該論證，孟子先以麥種的生長情況譬喻人之心才（性）的成長，得到「故凡同類者舉相似也，何獨至於人而疑之？聖人與我同類者」的結論，然後以之為前提，藉由人「口有同嗜（味），耳有同聽（聲），目有同美（色）」等例證，如「易牙先得我口之所嗜者也。如使口之於味也，其性與人殊，若犬馬之與我不同類也，則天下何嗜皆從易牙之於味也？……是天下之口相似也」，以類比推論人之「心

〔註68〕《哲學論集》，頁 129～130。唐先生此處蓋有所承朱子注：「聖人亦人耳，其性之善，無不同也。」

有所同然」，而歸結說：「至於心，獨無所同然乎？心之所同然者何也？謂理也，義也，聖人先得我心之所同然耳。故理義之悅我心猶芻豢之悅我口。」〔註69〕可見孟子之言「人」，初亦有從耳目口等感性層面（孟子在〈告子篇〉他章即稱之為「小體」）以說我與犬馬「不同類」，但與天下他人（包括聖人）皆「相似」（大致相同）而可謂「同類」者。唯當其即使如此亦自感性層面為說時，亦不必是出於經驗科學知識的背景，而儘可是順顯然的具體存在之生命歷史經驗以說之，更且其用意或重心仍在藉此一般人所易解者作為「類推」人人之「心」有同然者或同悅於理義（孟子在〈告子篇〉他章即稱之為「大體」）之一媒介，以增強說服力，望人更能相信己心與聖人有所同然，一樣有進於聖境的內在基礎或根本能力，而同類於聖人。由此觀之，孟子所謂「聖人與我同類」，固重在就「心」而言（於此可謂「特殊的類概念」），然仍當有兼賅感性而為言之時了（於此可謂兼含「一般自然經驗類概念」）。孟子有「大體」、「小體」之說，即為另一明證啊！但話說回頭，如果我們不要模糊了焦點，那麼，孟子「聖人與我同類者」一語，既已明明白白歸結到「聖人先得我心之所同然（理義）耳」，則其積極強調意指的乃是人的理義之心，固已顯顯然無疑了！

《孟子》裡記載了一段公孫丑請教孟子的對話：

> 伯夷、伊尹於孔子，若是班乎？曰：「否！自有生民以來，未有孔子也。」……敢問其所以異？曰：「宰我、子貢、有若，智足以知聖人，汙不至阿其所好……有若曰：『豈惟民哉！麒麟之於走獸，鳳凰之於飛鳥，泰山之於丘垤，河海之於行潦，類也。聖人之於民，亦類也。出於其類，拔乎其萃，自生民以來，未有盛於孔子也。』」（〈公孫丑篇‧知言養氣章〉）

唐先生引述了其中的「泰山之於丘垤，河海之行潦，類也。聖人之於民，亦類也。」，而詮釋說：「蓋充行潦之水之量，而成河海；充丘垤之土之量，而成泰山；充人之所以異于禽獸之幾希之量，而成聖人。故河海與行潦同類，泰山與丘垤同類，聖人與人同類也。」〔註70〕此解固是精妙，以「充人之所以異于禽獸之幾希之量，而成聖人」之義闡發「聖人與人同類」，而揭出「言人與聖人同類，只是內在的說人自存有此幾希，而充之盡之，便至聖人之謂；非外在的說、

〔註69〕見《孟子‧告子篇》，並參見牟宗三：《圓善論》，頁 27～30。
〔註70〕《原道篇（一）》，頁 220。

或邏輯的說：聖人與人有相類之處」〔註71〕，此義，想孟子亦會擊節稱歎深得我心；然若依例而說「充走獸之量，而成麒麟；充飛鳥之量，而成鳳凰」，卻將略顯唐突。故唐先生此處之解，或是截取《孟子》文以闡幽發微而已；如果實就我們上面所引《孟子》全段文字的脈絡以觀，那麼，孟子既借取有若「出於其類，拔乎其萃」之語，以答公孫丑之問孔子所以異於伯夷、伊尹之處，則孟子在此乃因之強調孔子與他聖或眾人（民）之異，就如同「麒麟之異於走獸，鳳凰之異於飛鳥，泰山之異於丘垤，河海之異於行潦」一般夐絕群倫，以標舉孔子作為人間至高典範的地位，而不在強調其同。

　　話雖如此，我們卻絕不能忽略了：於此，孟子雖高舉孔聖出類拔萃，夐異於古今一切生民，而自稱「乃所願，則學孔子也。」（〈公孫丑篇·知言養氣章〉）但是，孟子並不說「此聖凡之相異即在於其類不同」，而仍說「聖人之於民，亦類也。」孟子畢竟守先待後，對人性充滿著信心，亦實不忍「以凡聖根本異類去看待眾人」，唯以為關鍵在於「能否充盡其心」，而此充盡不充盡又繫於是否「放其良心」、「陷溺其心」而已〔註72〕。若要說這是其類不同，則似乎便在其間設立了一道幾乎無法逾越的鴻溝或限制關卡，常人成聖的可能即歸渺茫，然則何其忍得？爾況至少將如何說明不食嗟來食、忧惕惻隱於孺子將入於井等等基本事實例證之歷歷呢？又將如何說明一般人在日常生活中之能入孝出悌、孝親敬長，初始展現了仁義等等人間世界一再重覆出現而自證立之具體的共同歷史生命事實呢？故〈告子篇〉孟子曰：「非天之降才爾殊也，其所以陷溺其心者然也。」並以「牛山之木嘗美矣」之例為喻，斷言「雖存乎人者，豈無仁義之心哉？其所以放其良心者，亦猶斧斤之於木也。旦旦而伐之，可以為美乎？……則其違禽獸不遠矣。人見其禽獸也，而以為未嘗有才焉者，是豈人之情也哉？」此人而禽獸矣，孟子雖亦惡之、憤之，然猶悲之、信之，不忍判其未嘗有仁義之本心，不說其稟賦於天的本性與人不同，唯歸於陷溺其心，一再放失而不能操存，是則開啟沉淪者超拔以出之機矣！爾況一般人乎！爾況君子人乎！

〔註71〕同註65。

〔註72〕參見《孟子·告子篇》七、八兩章（心之所同然、牛山之木）。又牟宗三先生解釋《孟子·告子篇》「聖人與我同類」有云：「聖人能成其為聖，我何獨不能？這差別不在性，不在仁義之心，不在能為善之良能，唯在能盡不能盡耳。而盡不盡之差別唯在是否陷溺其心。其能為善之實或良能總是同一的。」（《圓善論》，頁29）

第三節 結 語

孟子非徒雄辯滔滔，氣懾迫人，無所已止也，實乃兼重言、默，適時歸默，反躬以自省或謝絕以教人，亦默以修身造道、行事見於世，其所以論辯嚴嚴，乃崇敬篤信於價值人格典範，而爲其去除誣枉以使他人如實了解；以及一心向在義理，力圖挽天下之狂瀾邪說，而不惜汲汲辯明，望義理之整全正是者得爲人所知，以去人之成心或偏蔽陷離，而自正其心。是皆出乎莊嚴恭敬與敦厚不忍等道德心之不容已，而運是非之心之辯也，亦處亂世不得已力爲之也，非如莊子所排遣的蔽於成心、有所不見而騁辯以爭勝和壓服制人之權力意志者，更非逢迎或屈從、蒙蔽於威權而爲統治階級服務以行辯護或鉗制異議者。故正有其莊重仁厚的意義與忘言忘辯外之合理的論辯空間在，不僅無礙人之各自逍遙，更能無憾於承擔之仁志也。而輔以支持孟子仁志之如此勇於表現爲雄辯者，除知言善辯及楊墨言滿天下而恐將率獸食人之主客觀條件外，更在其智見深信一切人與我及聖人同類，心同理同，皆能心向義理，則皆可望透過論辯以使人契解得義理之正是者而欣悅之，自改其昨日之非；不似莊子自視彌高、理智太過，反未能如此深信，遂只歸於忘言止辯，徒期於旦暮遇之。是以，莊子辯破忘言之教雖不可廢，然孟子捨我其誰、力辯以立人之道德擔當，乃更有其極高明而道中庸之平順勝義在也。其歸趨則明心知理、興發性情以導人之行爲於善，誠天下有道矣，亦將不辯無言而歸於默焉〔註73〕。這是我們透過唐先生所論孟子之於言默與論辯的態度，加以分析辯證和反省引申，所得的啓示，而孟子之內在思維方式亦得見其一二矣。

再者，我們會聚了唐先生有關孟子言性說道方式的論述和詮釋，進行分析辨明和綜合貫串，理出孟子表達或言說方式的四個特點：一者，「通過辯難以自立」；二者，「更兼有實踐目標」；三者，「先嚴辨人與禽獸異類，以突顯人道，而強調內在的端始本原」；四者，直就心之「無所爲而爲的直接感應」及「直接的自悅理義而自安處」以指證性善。然此四者，我們認爲前兩點即使在先秦諸子中也非異常特別，故只能「略顯」其特色，唯後兩點始足稱其特色的「代表」，尤以第三點爲最，然三、四點亦緊切相貫也。其中唐先生更先後側重從靜態面和動態面，分辨了孟子人禽異類和聖人與我同類的意義之與西方知識傳統下的類概念間的差異，我們順承之深入解讀，並進一

〔註73〕參見《導論篇》，頁297。

步反省、辨析，闡明了孟子論類的精確意義，烘托出背後的道德涵量和精神深度。

　　經過創造性的再詮釋，我們在此可以歸結說：孟子論類、論道、論人性的方式，甚至其於言默與論辯，終究非採取一般知識的態度，而重在價值自覺，重在人格教養。持著守先待後的人文歷史精神和信心，以孔子、堯舜諸聖人為人類在內外艱難困苦的奮鬥歷史中披荊斬棘、突破黑暗蒙昧之人性覺醒的光輝見證而上承之〔註74〕，亦以一般人在日常生活中皆知孝親敬長、能入孝出悌為人性有望之普遍生命歷史見證而下俟之〔註75〕。並綜攝至其高卓而恢宏的生命人格中，由此無限同情地去看待人類，去抉發人的可能價值意義，而不容自已地對一切人作一「出乎道德境界的超越肯定」，將價值創造的根源和道德的律則、絕對的尊嚴，或者說知天立命的能力，賦與人類本性，如此去想望而深信之，不容許把任何個人看作"根本"與我和聖人異類而原較低等，以免在其間設限了一道無法逾越的鴻溝或關卡。如此一來，不論任何人，亦不管變得如何不堪，成聖的可能仍永遠保持開放。這是一種對人之無限的溫情和敬意，既謙遜博大又弘毅崇高、乾健而坤順。於是，透過王與霸、義與利、人與禽之「對照逼顯」，尤其先嚴辨人禽兩路，由人乍見孺子將入於井即會直接表現所以異於禽獸之無所他為的怵惕惻隱，以及人不食待之如禽獸的嗟來食所當下體現的羞惡之心或純粹人格尊嚴……等等「心之直接的感應或自悅理義」之顯豁道德現象或事實例證〔註76〕，以論證性善，引導人悟得人之所以為人的特性，堅定人們向上的信念，並隨處提振興起人們成聖成賢的心志，樹立為人之道，而對人類永遠抱著希望，永遠不絕喪信心〔註77〕。甚至有時還要呼喊出：「自反而縮，雖千萬人，吾往矣！」（〈公孫丑篇〉轉述曾子聞「大勇」於孔子之語）、「待文王而後興者，凡民也。若夫豪傑之士，雖無文王猶興！」（〈盡心篇〉）以鼓舞人截斷眾流、突破亂世之盲昧，勇敢地超越一切障礙和外在憑藉，歸返道德自我，當家作主，超凡入聖，而「所過者化，所存者神，上下與天地同流！」（〈盡心篇〉）所

〔註74〕參見袁保新：〈天道、心性、與歷史——孟子人性論的再詮釋〉，《哲學與文化》，二十二卷第11期，頁1021，1995年11月。並參見註22。

〔註75〕參見註22。

〔註76〕參見《原道篇（一）》，頁222。並參見《導論篇》，頁96。

〔註77〕呂正惠先生曾表達了「孔子從來不曾對人絕望過」之意蘊，見李亦園・呂正惠・蔡源煌編著：《人文學概論（上冊）》（臺北：國立空中大學），頁32～33。

謂「萬物皆備於我矣！反身而誠，樂莫大焉。」（〈盡心篇〉）

　　以上這一歸結所顯示的義理線索或心靈向度，才是孟子最深微最根本的思維方式和表達依據吧！

第五章　唐君毅先生對孟子之心與養心工夫的詮釋

引　言

　　前已論及唐先生對照於墨家的「知識心」、莊子的「靈臺心」和荀子的「統類心」,而揭出「性情心」(「德性心」)的概念以解釋孟子所謂的「心」。此「性情心」初不與自然生命相對反,然能超越自然個體生命而涵具普遍意義和自我主宰性,乃直接對當前之境而創闢開發之活潑潑的「主動性情感」,能呈現實際效應而充實不虛;更獨特的,此心初不待反省其與負面者(如私欲或不安、不悅)相對反而後見,而大致是無所他爲而爲之「直感直應」及直接之自悅理義。此等之義已略論於前〔註1〕。然唐先生在《中國哲學原論・導論篇》之〈原心〉裡,還由此孟子論心之獨特處引到孟子養心的工夫理論特色之探討,認爲孟子的養心工夫純是簡截的直道而行,只在一當下使心與事相孚之正面的盡心,尚無宋明儒重反省地對治負面者之較多曲折〔註2〕。此點前文雖已提及,然尚未細加論述,今請爲之,並順此再進一步申論唐先生對孟子性情心的詮釋。

〔註 1〕　見本論文第三章〈唐先生之於孟子學的詮釋歷程〉第四節及第四章〈唐先生對孟子思維方式和表達特色的契會與詮釋〉第二節第三小節。
〔註 2〕　參見《唐君毅全集》,卷十二,《中國哲學原論・導論篇》(以下簡稱《導論篇》)(臺北:臺灣學生書局,1984 年全集版)(以下所引《唐君毅全集》各卷諸書,皆同此臺灣學生書局,1984 年全集版),頁 99、104。

第一節　孟子「心」之涵養與工夫特色
——純善無邪與簡易直截

唐先生論說：

> 宋明儒所講者之多曲折，因其工夫全爲反省的，而重在對治反面之
> 人欲、意氣、意見、氣質之蔽等者。人欲等之形態，萬彙不齊，故
> 工夫不能不加密，遂與孟子所言多不同。此中異同之關鍵，吾不以
> 爲在最後所嚮往之作聖目標，而當在古今人心之變。古人之心病簡
> 單，而後人之心病複雜……因病發藥，各有所當……故吾意剋就孟
> 子以言孟子，其修養此心工夫，要點只在直下依此惻隱、羞惡、辭
> 讓、是非之心之流露處，擴充而直達之……實尚不類宋明理學家工
> 夫之重存天理與去人欲，雙管齊下，存養與省察，是是非非，雙管
> 齊下。而只是順惻隱、羞惡等心之起處，直達出去。工夫即在此直
> 達。此處可並不先見有人欲待剋治，即可初不重對此反面者，在內
> 心上加以省察之工夫。「毋爲其所不爲，毋欲其所不欲」中之「不爲」、
> 「不欲」，可是虛說，非實說。在此工夫中，可並無「所不爲」、「所
> 不欲」者之存在……此中全部工夫，可只爲正面之直達。此直達，
> 即「操存」，即「存心」，即「養心」，即「盡心」，即「不失其赤子
> 之心」，「不失本心」，即「專心致志」……亦可統名之爲一「直養無
> 害」而持志之工夫，以達於「不動心」。而反之者，則爲心之「梏亡」、
> 「陷溺其心」、「失其本心」、「放其良心」、「失其心」、「不得於心」
> 或「無恒心」。總而言之，即心之不存。人之所患，唯在此心之放而
> 不存……然孟子之所以治此心之放或不存之病者亦無他，即操之使
> 存，「求放心而已矣」……之所以治「不思」、「弗思」之病者亦無他，
> 思而已矣。此實爲最簡易直截之教。宋儒中，象山最與之相近。象
> 山之工夫，只在提起精神，收拾精神，發明本心。而孟子之工夫，
> 亦只在存心。存心即所以養心之性，以成仁義禮智之德，而知性、
> 知天、事天、立命，皆直下而有之一串事也。〔註3〕

在此，唐先生採取對比的方式，指稱後代人心變得複雜了，心病不再如孟子
時之簡單，故宋明儒之道德修養工夫乃重反省地對治種種形態之負面者（氣

〔註 3〕《導論篇》，頁 99～100。

棄之不齊）而多曲折、加邃密（陸象山為例外），不只講求存養與存天理，兼要講求省察與去人欲，由此以突顯出孟子修養此心的工夫之簡易直截的要點特色。此孟子的工夫特色即：初不待省察和對治人欲負面者，而直下依四端之心之流露生起處以擴充、直達出去，醒覺地持守保存它，使充塞自己整個的生命心靈，令生命的發展方向和一切行事活動，皆為它所貫注、主宰（持「志」也），或者說，皆成為它的具體呈現，所謂「先立乎其大者，則其小者不能奪也」。如是貫徹到底，不論處境之順逆、生命之夭壽，皆將之化成為「動心忍性」的憑藉，終竟「不貳其志」、「修身以俟」天命，不教此心昏沉、放失；則「立了命」、「事了天」，同時也「知了性」、「知了天」，清明在躬、浩氣滾滾，其生命境界自然不為雜念、欲望或外力所遷移、阻斷而致餒害，就像孟子所說的「富貴不能淫、貧賤不能移、威武不能屈」，這便達到了所謂的「不動心」，而「為大人而已矣」。若尚未達此境界，而有所陷溺、放失，則亦只是「提起精神、收拾精神」，回復本心之醒覺發用和浩然動力（「思」也），不教昏昧、沉墮下去而已，此仍不離所謂的「盡心」、「存心」或「發明本心」。故不論有無沉墮，其工夫的要點都不外此心之直接提起、興發，而專致凝注，以投向生活世界之事行中，參與天德之流行。果如上言，則依唐先生之意，孟子之言心「實只有出入存亡二面……尚無後儒所謂習心與本心之別，以及私心與公心，善心與惡心之別……說心即說本心，即是善的公的。所謂私，不善與惡，只是心之不存而喪失。」〔註4〕至於何以會心不存而喪失？則「緣於人之役於小體，只徇耳目之欲及食色之欲」〔註5〕。但人之所以會如此，「在孟子並未言是因人另有一心，定要去役於小體等」，「在孟子言心只有一心。孟子只說及人失其心、放於心，便有役於小體之事」；故「要人不役於小體，孟子未說及必需人先去掉一役於小體之私心，而只說及求其放心，操存此心」〔註6〕。換言之，孟子之言心「不與私欲私心邪心等相對反而言」〔註7〕，其本質更不包涵所謂的私邪，而心終只是仁義禮智之本心（「大體」）。只當人將心「放失」、「不存」了──質實言之，乃「心之不思而梏亡」──始有任令耳目食色之欲（「小體」）一味為外物蒙蔽、牽引而主宰生命以逐物之事，這

〔註4〕同上，頁100〜101。
〔註5〕同上，頁101。
〔註6〕同上。
〔註7〕同上。

時也才有放縱無節制而氾濫成惡之可說，並非心顯現樹立時其性向原即坐視罪惡或助長氾濫，亦非心之力量原即不足以抗衡感性欲望而超拔於上以宰之也（孟子豈不言「先立乎其大者，則其小者不能奪也，此爲大人而已矣！」）；故「人不得以人有食色之欲等，疑心之性自身之善」〔註8〕。

然上面的結論苟欲完全確立，則如下的問題便不可不加解決，即：孟子亦有「格君心之非」、「正人心」等言，若心爲全善，則何以言「心之非」？且又何須「格」？何須「正」？

此等問題，唐先生以下面的方式提出並回答：

> 憶明儒羅整庵之困知記嘗舉孟子格君心之非，及正人心等之言，以證孟子未嘗以心爲全善。然吾人亦終不能謂孟子所謂人心中實有一邪心、非心。若然，則孟子隨處所言之存心、盡心、養心，皆爲模棱之語，不定之辭。果存心盡心養心之言中之心，爲孟子所言之心之本義，則孟子所謂「格君心之非」者，亦即使君心不存者存，以安民定國而已。孟子所謂正人心者，亦非重在去一邪心而另得一正心之謂，此語當連下文所謂闢邪說以爲言。正人心者，即闢邪說之足擾亂人心，使人心歪倚不存於其位者，正位居體，以存於其位而已。〔註9〕

這是說，孟子所謂心的本來意義必只爲善，而不包含邪惡的涵義，否則存心、盡心、養心之義裡豈非也要包含存養或充盡邪惡的成份而不必定是正面向上的意義了，如此便與存心、盡心、養心"一直"是孟子所強調的求聖或知天之道的工夫理論相違。故孟子所謂「格君心之非」及「正人心」便不宜看作眞有一邪非之心待革、待正，而當解爲使心之歪倚不存於其本來位置者存，而回復其正位，以如如流行，自然擴充及於外而已〔註10〕。如此，如上的質

〔註8〕 參見《導論篇》，頁 102。並參見《孟子‧告子篇》第十五章朱註與蔣伯潛先生廣解（蔣伯潛廣解‧宋朱熹集註：《四書讀本‧孟子》，臺北，啓明書局，頁 280）以及牟宗三先生之疏解（牟宗三：《圓善論》，臺北，臺灣學生書局，1985 年 7 月初版，頁 50〜51）。

〔註9〕 《導論篇》，頁 101。

〔註10〕 唐先生後來論孟子「知言」處，則出現了「格其非心」一語，也把心性之「尚未盡其用」說成與心性之「盡其用」同爲心性之一種表現。不過，這仍是在「人之或放失其心，而心未能盡其用，乃只見一端，而自蹈於非」、「不能自盡心，以自知其心性之未盡其用時，所自蹈之非」之「放失其心」、「不能自盡心」的脈絡下說之，而欲「求其放心」、「盡心性之用，以有是而無非，或

疑便可迎刃而解，保住心之爲全善的意義。

依上述詮釋，首先，在論理上便得到一重大效果，即：不以私邪之心歸屬人的存在本質或本性層次，其在內若無根，乃虛妄過渡的存在，終究非屬眞實。此就某方面言，即從反面之否定以證立心之性（或本質）之善與眞。其次，心一思即存在，"挺立（樹立）之"即有充足的力量能主宰生命，不爲耳目食色等感性欲望所移奪而逐物成惡〔註11〕，終必得成善大之人，此可謂從正面說明了心之性（或本質）之善與實，也照顯出感性欲望並非人的生命存在之最眞實、最具根本動力的東西。如此，便大大保住了心之性自身的善美與眞實，甚至在某一意義上——人終究有挺立「心」的可能，而不聽感性欲望之擺佈——保住了人之存在本質的善或整個而言的人之性的善〔註12〕。

近年，袁保新先生曾發表與唐先生上述詮釋相出入的看法，值得我們順便在此討論一下。袁先生根據孟子「氣壹則動志」、「生於其心，害於其政」、「我亦欲正人心」、「陷溺其心」、「欲貴者，人之同心也」等，重新分析孟子之「身－心」結構。雖仍同意孟子之「心」沒有像理學家有習心、本心之別，或私心、公心之分，但不贊同孟子之「心」即是一「本心」（「道德心」）之說，而認爲孟子在「道德心」外，另外默許了一個主導生活行爲的機構，可以爲正，也可以爲不正。故借用海德格所謂「平均化的日常生活中的自我」，拈出

以知所蹈之非而更格正之」的。故若說"這已較突出「是非之心」，顯出自覺自知「心之蔽於一端、未盡其用而陷溺蹈非」以更自格正之的工夫面向，並已進一步納此一工夫面向爲盡心工夫的一端，而使得由孟子發展爲學、庸、宋明理學中由反省自覺以出之工夫的線索更形清楚，也使孟學看起來愈加完備"，此可也，但若說這就表示其詮釋有了基本的大轉變，則恐非也。參見《唐君毅全集》，卷十四，《中國哲學原論・原道篇（一）》（以下簡稱《原道篇（一）》），頁 254。

〔註11〕若還會爲感性欲望所移奪，則可說乃是其心尚未眞實挺立起來（未立乎其大體）以帥氣而充塞乎體，遂令氣「孤自壹往」（參見《原道篇（一）》，頁253）而反動了其心志，孟子所謂「氣壹則動志」也。蔣伯潛先生解說道：「徒有『志』而無充乎體之『氣』，則又因循退縮，無進取之勇。『氣』充乎體，則不餒矣。」（蔣伯潛廣解・宋朱熹集註：《四書讀本・孟子》，臺北，啓明書局，頁 65。）唐先生也曾闡釋說：「人之心志之所以雖向在道義，而不免有動搖之情形，恒由心志孤行，而氣未隨之，則心志還將退墮。體氣原能隨志而往，故必心志既至，氣即次之而往，兼此『持其志』，而又『無暴其氣』之工夫；以使心志充于內，形于外，更有光輝，方有配義與道之浩然之氣之盛大流行，『至大至剛，以塞乎天地之間』也。」（《原道篇（一）》，頁 253。）

〔註12〕關於「整個而言的人之性的善」這一點，可參見《唐君毅全集》，卷十八，《哲學論集》，頁 135～136。

「實存心」一概念，以之指涉「人在常態生活中載沉載浮的行動自由決意的主宰機能」或「擁有選擇之自由的價值意識」，具有明照價值的功能，且與形軀密不可分而「在世界中」，不免受到形軀心理和世界諸事物的影響，而或贏得自我，實現本真的存在，或失去自我，淪於不善；至於「道德心」，則與其理解為「實存心」之外的另一種存在行動的主宰，毋寧視之為「實存心」在不受形軀及世界牽動情況下的本真狀態，不僅是道德實踐的先驗根據，也是實踐人之所以為人的真實動力，不過一旦具體化在實存心的層面，便有顯明、晦暗，做主或不做主的區分，但看有無自覺的存養。而且，「道德心」與「實存心」代表的意義雖不同，但其實在日常生活中真正主宰行為的只是一心而已，即，當它順其內在的先驗理則而動時，它就是「道德心」、「本心」，或「仁義之心」，但是當它不免受到形軀及外在世界的誘動，每每徬徨於真正自我之時，它就只是「實存心」而已〔註13〕。

袁先生的說法，可順適地說明孟子之以「弗思耳矣」解釋人之所以為不善，因為可將淪為惡的責任歸由具有選擇自由、明照價值之作用的「實存心」負擔，歸咎「實存心」未善盡其「思」或「鑑照價值的明善功能」以擇養體之大者、本者、優位者，而避免作為「大體」的「道德心」遭受「何以會弗思」的質疑，在理論上維持「道德心」的神聖性、統帥性或實效性（道德實踐的真實動力）以保住「人性本善」之說，尤其能夠應合孟子「生心害政」、「氣壹動志」、「欲貴者，人之同心也」諸說中的「心」（至於「我亦欲正人心」、「陷溺其心」，則仍可依唐先生之解另論之）〔註14〕。這提供了我們理論說明上一個頗可參考的架構。

今再究察此中之「實存心」，似可略同於我們前章論述孟子之辨人與禽獸異類時，所提出的「具體存在的整個生命人格」或「立體存在的生命人格」，亦稍類似唐先生指稱的就「生命心靈之整體」所言的「性」〔註15〕，或者略相當於唐先生論述孟子養心工夫的脈絡裡，所引孟子言中的「人」或「我」，以及其中所述會「歪倚不存於其位」的「人心」；不過，袁先生「實存心」之說更自覺地凸顯出其中照察價值、選擇自由而載沉載浮的性格。再者，推得

〔註13〕見袁保新：《孟子三辯之學的歷史省察與現代詮釋》（臺北：文津出版社，民國81年），頁77～84、186～195。

〔註14〕參見袁保新前引書，頁72～75、79、84、188～190、194～195。

〔註15〕《唐君毅全集》，卷十三，《中國哲學原論‧原性篇》（以下簡稱《原性篇》）之〈自序〉第三小節，頁13～14。

遠些，我們在宋代朱子「人心－道心」（或唐先生論及的「道心－人心－具不善的人欲之心」之「三心」）的區分裡，似乎早已看到頗類「實存心－道德心」的解釋架構了，甚至胡五峰「天理人欲，同體而異用，同行而異情；進修君子宜深別焉。」之說裡，亦看到了一些類似點，皆可作進一步的比較研究；不過，光由朱子學系統定位的困難性，就可想見此比較研究所可能面臨的複雜問題了〔註16〕。

　　於此，筆者想指出一點以供思考：五峰、朱子上述的區分裡，其重點是在深察生命中罪惡之起源幾微處和警覺氣稟清雜升降之幾，以及在人性中奠立超越的理想，希望從根上、幾微處斷絕罪惡發生的可能，以使人心化成道心，使人欲雜染漸去而天理流行。換言之，其最重要的是爲了道德實踐的目的，並非重在解釋人何以爲不善的理論需求，更非爲了要連帶坐實人欲之心；此有如佛家之講無明，實即在照透無明、空掉無明以成佛。唐先生之論心性情亦然，其論人之所以有不善之情，可謂精彩絕倫而完備（簡言之，「乃由一種心中所固執之觀念，依欲而起，並對吾人本有之情之全量加以限制，於是「欲」、「觀念」及「情」，乃互相膠結而成不善之情。」），然仍終究在強調心性之直道而行與某一義的道德生活中之辯證的發展〔註17〕，尤其論孟子之心更是如此。那麼，相應於此，「實存心」的概念、地位或眞僞性，以及與「道德心」或「仁義禮智之本心」的關係等，當如何講才好？當如何才更能指向於道德實踐中超越的眞實和理想，而不停留於一般經驗現象事實的說明，甚至墮落到以人欲之私或私邪之心爲人性最後的眞實，不再視之爲虛妄無根或待警覺克制的過渡存在，以致失去道德理想的信心？

　　或許，唐先生對孟子之心的詮釋，不易通解孟子諸如「生於其心，害於其政」之言，然卻掌握了孟子言心的主要涵義，成功地凸顯了孟子的大本精神和根本方向，故至多略加補充調適（比如在「心」之主要涵義外，另說一旁義）即可。我們可以闡釋說，唐先生強調「孟子之言心，實只有出入存亡

〔註16〕關於朱子及唐先生之論部份，可參見《原性篇》第十三章〈朱子之理氣心性論〉第八節〈人心道心之開合〉（頁 417～429），以及《原性篇》附編〈原德性工夫‧朱陸異同探源〉（如頁 636～642）。至於五峰之說，可參見筆者〈胡五峰「心」、「性」義理範疇析論〉一文（《鵝湖月刊》，第 23 卷，第一～二期，總號第 265～266，1997.7～8）相關的討論。

〔註17〕可參見《唐君毅全集》，卷四，《中國文化之精神價值》（以下簡稱《中國文化之精神價值》第六章〈中國先哲之人心觀〉第六～八節。

二面」、「人之所患，唯在此心之放而不存」、「使人心歪倚不存於其位者，正位居體，以存於其位而已」，此正可警醒我們一旦心出亡、不存於其位而只徇耳目食色之欲時，將變成欲望執著的「我」或軀殼起念的「人」，此下已難救治，恐須待生命力之自然限制或轉移（如夜息、好奇起而求知、美感生而向美等），或待其他種種不確定的因緣際遇之消磨、激發、感應召喚（如蒙正人君子之斥闢邪說或教誨，因而警醒而心歸正位，或如偶然情境下惻隱之心的乍然迸出、直感直應，又如或有幸處在禮樂風教或高級宗教興盛的環境中，易得到薰陶、召喚），使心靈重新提起，則此中多被動性、偶然性，而鮮少主動、定然的工夫成份矣。故欲講主動定然的工夫，便須平素即下反省自覺的工夫，從過與不及之幾處即下手回復其正；要不然就要平日多涵養或存續此心，尤其先立志以自信其能由當下貫徹於未來而成久大，遂求自始至終順本心之興發以挺立之、充擴之、持續之，令其不可奪而常在了。此主動定然的工夫之前者，蓋不免要牽涉到自欺不誠之心、人心或實存心之類；其後者，則即唐先生所強調的孟學之主要工夫方向也。對於此孟學精神方向，我願意再強調一遍我們前章的一個結論：孟子性善論的根柢，乃是一種守先待後、對一切人永不絕望的無限溫情和敬意；換言之，其對人性本善的堅持，乃出乎高卓而恢宏的道德宗教境界之超越的肯定，既謙遜博大又弘毅崇高。在此意義下，其他性善的論證，都只是提供現象界裡道德心靈的事實例證或符徵，作為人性本善的理論性說明，輔以增強人們的信念，提振人們成聖成賢的心志而已。由此一結論看來，人之所以性善和所以有不善，其理論性說明之妥當與否，便顯得不那麼關鍵而重要了，同時也更談不上是否會動搖孟子性善的信心了。那麼，性善之最直接、最有力的證明，豈不是會在我們實踐力追孟子的心靈境界時，自動降臨到我們的生命存在中？

第二節　心與感性欲望的關係
——論證心初不與耳目食色之欲相對反

依上節之論，雖說耳目食色之欲並非人最本質的東西，而心才是最根本實在的「大體」或人性，但耳目食色之欲既為人天生即有之自然性而可稱為「小體」，則仍屬於人之存在現實的一部份，展現或大或小的力量，而成影響人類命運的一個要素。那麼，假若耳目食色之欲必定要為惡或必與心為正

相對反的緊張關係，則一般人（其心未泯，然尚未貫徹其思，挺立本心大體而成大人）之存在命運便時時要處在善惡交替或心欲對峙鬥爭的狀態中了。這樣一來，就養心工夫言，縱使仍可有力地如上所強調的，在孟子，非實有私邪之心待先對治，然而，卻也將仍有自然的耳目食色之欲刻須對治，則豈非勢必要重反省對治之功？且就為政之道言，欲在上位者推行仁政，不亦變得艱難萬分？如此，則孟子言修養工夫及行仁政之至簡至易者，豈非即有難行而大不充盡處？蓋背後隱含此故，唐先生為疏通孟子義理，突顯孟子言工夫與仁政之得力勝處，於是順其前所論「孟子之言心，不與私欲私心邪心等相對反而言」之旨，而再論及「（孟子之言心）亦不與耳目食色之欲相對反而言」或「耳目食色之欲，並非即不善者」之意〔註18〕，以歸到「人有耳目食色之欲，亦不礙性善之旨」、「本孟子之言以言仁政，亦為一至簡至易之道」〔註19〕，而「仁義禮智之心，與耳目食色之欲，在孟子固為異類。孟子言性，自心上說，而不自耳目食色之欲上說。然……此二類，在孟子，亦初可不相對反」也〔註20〕。此意，唐先生從以下兩個方面論述之：

其一，如前面所闡明的，在「心不思而梏亡」的情形下（此可謂主要的先行條件），始有耳目之官、食色之欲蒙蔽到底、一味逐物而汎濫成惡之可能，那麼，耳目食色之欲雖「與心為異類」（因其有「不能思」之限制，甚至因而有蔽於物而牽引逐物的傾向，不過，未往而不返前，仍可說是中性的），然未必就要汎濫，其汎濫亦不與心同時出現而存，故並不能直說其本身不善，亦不能說其即與心正面衝突對反或其存在即得以否定心之性之善也。唐先生說道：

> 耳目食色之欲，並非即不善者。不善，緣於耳目之官蔽於物，或人之只縱食色之欲。而耳目之官蔽於物，與人之只縱食色之欲，則緣心之不思而梏亡。故人不得以人有食色之欲等，疑心之性自身之善。
> 〔註21〕

考此中邏輯思路之曲折，可謂經由觀看人之耳目食色之欲的表現，察其必然或不必然，以及察其依以成立之相緣條件，見其本身非必往而不返地逐物，而可視為中性者，亦見其非單獨依本身以成汎濫不善，其成惡，嚴格說心也

〔註18〕《導論篇》，頁 101、102。
〔註19〕同上，頁 101～102。
〔註20〕同上，頁 101。
〔註21〕同上，頁 102。

要負未顯現（放失不存）本有功能以節導之的責任，但又非心坐視或助長之，亦非心之力量不足以宰之，如此便「消極地」得出耳目食色之欲非即不善且亦不礙心之善而與心初不相對反的結論。

依此，心放失不存時始有耳目食色的氾濫，反之，心思而存立時心與耳目食色之欲的關係又是如何？是否必定正相矛盾衝突，而必得要壓制耳目食色之欲以至於泯絕呢？

因此，其二，唐先生再從心存立未失的情形，看耳目食色之欲與心相容相成者，正面「積極地」論證兩者初可不相對反。他說：

> 至人存仁義禮智之心，亦可不與食色之欲相對反者，則以人之兼有此心與食色之欲者，可依於其自己之食色之欲，同時生出不忍人之饑寒之惻隱之心，與望「內無怨女，外無曠夫」之心。此處吾人如試自己細細勘驗一番，便知此中之不忍人之饑寒之心，乃直冒順於吾之饑思食，寒思衣之欲之上、之前、而生起；吾之不忍人之為怨女曠夫之心，亦直冒順於吾之男女之情之上、之前、而生起；以進而求黎民之不饑不寒，人人之宜爾室家。此即孟子之告齊宣王好色好貨，「與民同之，於王何有。」亦即孟子之仁義禮智之心與食色之欲，所以可不成對反，而本孟子之言以言仁政，亦為一至簡至易之道之故也。〔註22〕

蓋不忍人之心中，便包含著不忍他人之受饑寒與男女情欲之怨曠（簡括言之，食色之欲之不得滿足），而此又由於我們自己原也有這等食色的欲求，能直接感知其要求滿足的情狀以及其未得基本滿足時的痛苦折磨，也往往不禁連帶而感生某種哀憐，就在這樣的生命前，心頓然冒顯於上，直接順著欲求或哀憐、痛苦之感，轉生出對人的同情與悲憫，甚至企望天下人人皆得安身宜家，既無怨曠，亦無虞窮乏。此情此景，讀者只要觀看杜甫〈茅屋為秋風所破歌〉即能體認其一斑。可見人有食色之欲，反而能緣此激發出對人們現實存在情狀的關懷與惻隱，而為政者順此推行於民即是王道仁政的一種展現，故不僅非必得壓制而泯絕之，且更有其助長心之展現之功也。

以上大致由消極和積極兩面進行論證，其中有關惡之來源的問題，以及道德心性與自然之性相容相成的情形或其間層級、統攝的關係之探討，雖未盡充分〔註23〕，然亦足以證成「孟子言心不與耳目食色之欲相對反而言」之

〔註22〕同上。
〔註23〕關於惡之來源的問題，唐先生有較充盡的說法，可參見本論文第三章第四節。

意矣。不過，此只宜如唐先生解作「初可不相對反」（見前文），而不當解爲「絕不相對反」，否則孟子「耳目之官不思與心之官則思」的相對區分以及「養心莫善於寡欲」（《孟子・盡心篇》）之說等，即皆不得而解了。

第三節　綜結孟學易簡之故，並論「覺」與「誠」

如是，唐先生由對孟子指證性善（實即指證四端之心）方式的解析，闡發了孟子之「心」乃最能顯現「性情心」或「德性心」的原初相貌（直悅理義、直感直應，不待反省對照而後見）〔註24〕，引而申論孟子言修養工夫與爲政之道之簡易直截，而與其論孟子之「心」之原初特徵者相印證。最後唐先生再回應此等闡論而綜結說：

> 吾人欲知孟子言修養工夫及爲政之道，所以如此簡易：要在知孟子之言心，乃直就心之對人物之感應之事上說。此心初乃一直接面對人物而呈現出之心，初非反省而回頭內觀之心。〔註25〕

唐先生認爲孟子乃就心感於其所面對的人物所直接生發、呈現之惻隱、羞惡等反應以言心，「重在直指此心之如是如是呈現，而其呈現，乃即呈現於與外相感應之事中……此中，心與事互相孚應，全心在事，全事在心……此心有諸內而形諸外，見於自己之身與人物之交」〔註26〕，如是，孟子「直要人之心在事中……則心是向其他人物……心便放平，自然無放失與矜持之病」〔註27〕，而初不在強調反省自覺而回頭內觀其心也。

然而，孟子也講「覺」與「反」（如「反身而誠」、「湯武反之也」），則唐先生將如何解釋呢〔註28〕？他解析說：

道德心性與自然之性間的關係之問題，亦可參見同章之三、四節以及《原性篇》第一章之四，或參見下文之論述。

〔註24〕參見本論文第四章〈唐先生對孟子思維方式和表達特色的契會與詮釋〉第二節之第三小節：或參見《導論篇》，頁95～98。

〔註25〕《導論篇》，頁102。

〔註26〕同上，頁102～103。

〔註27〕同上，頁103。

〔註28〕學者多有將孟子之「覺」與「反」視爲「反觀自覺」或「逆覺」其本心者，牟宗三先生即爲典型的代表，例如他說：「良心發見之端雖有種種不同，然從其溺而警覺之，則一也。此即是『逆覺』之工夫。言『逆覺』之根據即孟子所謂『湯武反之也』之『反』字……人若非『堯舜性之』，皆無不是逆而覺之。『覺』亦是孟子之所言，如『先知覺後知，先覺覺後覺』，此言覺雖不必即是

　　孟子講覺，如「以斯道覺斯民」，「以先知覺後知，以先覺覺後覺」，
此是直下以己之覺覺人，「以其昭昭，使人昭昭」，尚非必如後儒及
今之所謂反觀之自覺。孟子所謂惻隱之心、羞惡之心發動時，此心
當然是明覺的。但說其是明覺者，仍是進一步回頭看的話……此事
當然亦在明覺中，但亦可不說其在明覺中……孟子養氣章謂「必有
事焉」。吾意此「事」當初即指吾人在日常生活中見孺子入井，及入
孝出弟，守先待後等事。其所謂勿忘勿助長者，勿忘是不放失此心，
即存養此心使相續之謂。助長，即心凸起於事上，如將事硬向上提
起而把捉之，此便是揠苗助長，而不當有者。吾人今所謂自覺，實
常是此心之在上面，將其所作之事硬提起而把捉之。此處如依孟學
說，即有毛病。宋明儒或名此毛病為矜持，而重去矜持。孟子則直
要人之心在事中。〔註29〕

依此，則孟子之「覺」重在據自己所得之道或昭明感通的仁智之心以充擴開
展於所感所應的生活世界而興發人、醒覺人，只要存養此呈現在感應之事上
的原初純粹之心（惻隱、羞惡、辭讓、是非之心等），使其相續不斷，如水就
下地開展於道德感應之事上，而成為生命之常格基調，於感物應事皆能全幅
充浸其中，心事圓融，「以其心普萬物而無心，以其情順萬事而無情」（參程
明道〈定性書〉），隨順所遇而如如呈現，自然而然地周流貫徹，這便是盡心，
便是常覺、常惺惺（至此境，可謂「性之也」）。於此，若定要追問其明覺與
否，則我們可答謂「的是明覺，而無明覺相」。故此覺，不必是反觀內照之自
省自覺，更非矜持造作，居高睥睨以臨事物而強提把捉、硬生生推行，看似
煞有介事，實則心與事反多隔閡者。

　　唐先生又解析說：

　　心在事中……如……心向孺子入井，則心不能是只顧其自己緣軀殼
　　或身體而發之食色之欲、耳目之欲者，而是要使此身為此心所用者。
　　此便是心反諸身，而主乎此身，以心之大體主耳目之小體。心向孺

覺本心，然依孟子教義，最後終歸于是覺本心，先知先覺即是覺此，亦無不
可……『堯舜性之』是超自覺，稱體而行，自然如此……『湯武反之』是自
覺……性反對言，反明是逆覺。孟子言『反身而誠，樂莫大焉』，此亦是逆覺。」
見牟宗三：《心體與性體（二）》（臺北：正中書局，1993 年 2 月臺初版第 9
次印行）（以下簡稱《心體與性體（二）》），頁 476。

〔註29〕《導論篇》，頁 102～103。

子入井，即專心向此，而生不忍心，盡心以救孺子，即此心之反身
而誠……此誠，初不與偽妄對。後來大學說「毋自欺」是誠，中庸
由「擇善固執」言「誠之」，伊川說「無妄之謂誠」，皆進一步由反
省以出之工夫。此是工夫之加密，鞭辟就裏。順孟子之教引而申之，
最後亦當發展出此義……然孟子之言誠，則有更簡易直截處。孟子
之誠，初只是正面之盡心。此心自善，只須人能直下承擔，可更不
待擇。亦不是要人反省其心中之偽妄而去之，以成誠。所以在孟子
之教中，有誠而無偽妄之名。〔註30〕

依此解析，則孟子所謂「反身而誠」之「反身」義，並不同於「反省自己」
或「反過頭來省察自己之是非曲直、真偽實妄」之意，甚至亦不必直指「返
回頭來自覺內在本性」，而宜說是「原可備萬物之我，順其與外相感應之事中
所流露呈現的惻隱不忍等四端之心，而專心致志向於此事以求其中之心的貫
徹，使此心回返到我自己生命之中位大體，而正位居體，以主宰乎耳目食色
之小體，形諸具體生命行為」之工夫歷程〔註31〕。此歷程「求諸內而形諸外」，
雖可涵蘊「返回頭來自覺內在本性」一層義，甚至引而申之亦可廣及「內省
自察真妄」一側面，然初仍主要是一健動的正面去盡心的工夫歷程，只須人
能去「直下承擔」此呈現的自善之心，主一之而不他適，貫徹到底（此等歷
程可謂「反之也」），「內外兩忘而以有為為應跡（物）、以明覺為自然」（參程
明道〈定性書〉），則「渾然與物同體」（程明道〈識仁篇〉），感通天地一切，
達乎仁誠（至此即相當於「堯舜性之也」），初不待先反省辨明善惡或真妄，
再由對立中擇善真去惡妄，如《大學》之「毋自欺」、《中庸》之「擇善固執」、
伊川之「無妄」等所說者。我們且考諸孟子之言，如：「愛人不親，反其仁；
治人不治，反其智；禮人不答，反其敬。行有不得者，皆反求諸己，其身正
而天下歸之。」（〈離婁篇〉）此中之「反」，綜言之宜解為「反求諸己以貫徹
仁智敬而使身正行得」，此義正可印證唐先生之說。又如：「堯舜性者也，湯
武反之也……君子行法以俟命而已矣。」（〈盡心篇〉）此中之「反之」，雖亦
可解為「反省心中偽妄而去之以回復其性」，更頗可解為「返回頭來自覺內在

〔註30〕同上，頁103～104。
〔註31〕此解除了依據本文〔註30〕處之引文外，亦配合本文〔註9〕處之引文（其
　　　　中有謂：「正人心者，即闢邪說之足擾亂人心，使人心歪倚不存於其位者，正
　　　　位居體，以存於其位而已。」）加以綜合而得。

本性」，但如此則積極地正面策勉行爲於生活世界的意向（「行法以俟命」一語當涵此義）都不夠顯豁，反觀唐先生之說解，則能突出此義；且若配合「堯舜性之也，湯武身之也」（〈盡心篇〉）以俱觀（「身之」蓋存養修身以復性而身體力行之意），則更見唐先生之說恰切有得。唯孟子所尙曾子聽聞孔子言大勇之「自反而不縮，雖褐寬博，吾不惴焉？自反而縮，雖千萬人吾往矣！」（〈公孫丑篇〉）一語中之「自反而縮」（或「自反而不縮」），雖依然可如唐先生解釋「反身而誠」（或「反身不誠」——見下文）之例以解之〔註32〕，但若側重從「反省自察一己之是非曲直」的意義面向以作解釋，似乎也簡顯易明，且有孟子「是非之心」可爲依據，而與孟子義利之辨、禽獸之辨，不得不有訴諸「是非之心」以爲明辨之初始根據者相符應。事實上，唐先生在〈原心〉更後之《中國哲學原論・原道篇（一）》論及此語時曰：「至曾子之大勇之功，則在先自反其言行之是非。若自反而非，則焉有氣以凌人？故曰『雖褐寬博，吾不惴焉』。若自反而是，則心先無虛歉，而氣亦無虛歉，故『雖千萬人吾往矣』。此則本義以成其勇，而爲孟子之所尊者也。」〔註33〕此顯然即取「反省自察」義以解該「反」字。不過，其中除強調是非之心外，欲以興發羞惡之心或浩然道義精神之意仍不可掩。由上考辨，可見唐先生雖"有時"亦從「反省自察」的意義面向以解孟子之「反」字，然如吾人前文所釋其對孟子「反」字主要義理的見解，仍大抵於《孟子》原典有據也。

　　果如是之詮釋「覺」與「反」，則孟子所謂「不誠」、「思誠」（如《孟子・離婁篇》有云：「悅親有道，反身不誠，不悅乎親矣；誠身有道，不明乎善，不誠其身矣。是故誠者天之道也，思誠者人之道也。至誠而不動者，未之有也；不誠，未有能動者也。」），當有必要作一番解釋，以維持詮釋的一貫性，

〔註32〕愚致思「自反而縮，雖千萬人吾往矣」一句，曾以爲「雖千萬人吾往矣」的語式乃「在面對怎樣怎樣的情況下，我決斷如何如何」的形式，則其中當已歷經某種省察、思慮而統整自己以遂行決斷的過程，故「自反」宜解爲「反省自察」義。後來再細思之，發覺此推論有疏漏而不必然，蓋「吾往矣」可只是「自反而縮」所呈現的浩然之氣之一自然的效果，不必一決斷語，就如「自反而不縮，雖褐寬博，吾不惴焉？」中，「吾不惴焉？」並非一決斷語，而是「自反而不縮」下氣餒矣的因果實效，是則順唐先生解「反身」之說以解之，依然可以成立。不過，實則唐先生於《原道篇（一）》第六章〈孟子之立人之道（下）〉裡，乃以「反省自察一己之是非」的意義解此「自反而（不）縮」之語句也，參見《原道篇（一）》，頁251。

〔註33〕《原道篇（一）》，頁251。

故唐先生指稱：

> 此處之不誠，可只指未誠，未盡心以行悅親之道，未盡心以明善而
> 誠身，未能以誠動人而言。此不誠，不同於僞妄之與誠相對。而孟
> 子之言明善即所以誠身，正見誠身只爲一繼明善之事，而行之於身
> 之正面工夫……仁義禮智之四端之心，皆『天之所以與我』。故直感
> 直發之仁義之四端之心，亦即天之道所存。思誠即充達此心，此中
> 只以思誠繼誠，便全幅是直道而行之正面工夫。〔註34〕

此中義蘊當即是說：在孟子，所謂「不誠」，其實質義涵當只是「未誠」之意，
也就是未正面地盡心以力行道義之事，未能篤實展現或踐履本心善性以致己
身於誠或以使人感通而動，故並非即指實有於心之根本僞妄〔註35〕；至於如
何盡心、如何踐誠以達至誠，其最緊切必要的關鍵或眞正本質性而有效的方
法道路，乃在於明善，因而明善的體現歷程即是所以誠其身的歷程或先行階
段，此正可見孟子誠身工夫的本質核心只在於「健動地正面"續繼發明"善
德（天道之誠所存顯的四端之心）以周流貫徹於自身生命而力行之」〔註36〕，
於此著力操持保存，醒覺勿忘，使心自然常居中位而帥氣以充擴直達出去，
即是所謂的「思誠」或「誠身」（「湯武身之也」）〔註37〕，故孟子所言「思誠」，
初非指透過「省察心中之僞妄或察識一時情感發用之偏蔽」以求去之或矯正
之而漸成誠，甚至亦非重在直指「返回頭來自覺內在本心本性」。依此，「思
誠」乃人之道也，直順當下直接感應流露之四端之心（天道所存之誠者也），
以充擴續繼發明之於臨在的生活世界，不教殘賊餒害，「直養而無害，則塞於
天地之間」（《孟子·公孫丑篇》），「造次必於是，顚沛必於是」（《論語·里仁
篇》），至乎純而不已，毫無間斷，「沛然莫之能禦」（《孟子·盡心篇》），則天
人合一，與堯舜無二而「性之也」。

〔註34〕《導論篇》，頁104。

〔註35〕唐先生此處以「未誠」解「不誠」，或有取於程明道〈識仁篇〉所言：「孟子
言『萬物皆備于我』，須『反身而誠』乃爲大樂。若『反身未誠』，則猶是二
物有對，以己合彼，終未有之，又安得樂？」

〔註36〕「明善」之「明」，雖亦可解作「明白」、「明瞭」，但解作「發明」則其意義
更全面，更具動態的展現之正面工夫義，而可更貼切地展示唐先生此處之說。
象山云「發明本心」是也。

〔註37〕在這裡，唐先生所說的「思誠即充達此心」，其意當非直接就字義將「思」訓
爲「充達」（若如此，則似較欠缺文字學上的根據），而是就本文上面所引孟
子言思誠處之整段話內含的理路脈絡，以言其中「思」之整體義蘊。

第四節　比觀牟先生之「逆覺體證」

　　以上所論（明善）思誠以繼誠之直道而行的工夫，唐先生還緊接著說：「亦即在此心與外物感應之事上，流露之四端上識取。」〔註38〕此處，當也就是說，在人物相交而良心四端感應呈現的種種具體情境中，直覺到此誠仁之心的感發流行，而即當下識取，直順繼之以充達不已。如此，便不好說其中不曾有「返回頭來自覺內在本心本性而體認之」這層義涵，則又可與牟宗三先生依據孟子而提出的「逆覺體證」（其中之「內在的體證」一型）之說〔註39〕相容一致。

　　我們且先試想：此孟子所謂「思誠」之「思」，是否不含「返回頭來自覺內在本心本性」之義呢？前頭我們已提到，孟子之「思誠」初非指透過「省察心中之僞妄或察識一時情感發用之偏蔽」以求去之或矯正之而漸成誠，甚至亦"非重在直指"「返回頭來自覺內在本心本性」，「反身而誠」（「反身不誠」）之「反身」亦類此。又提到孟子「自反而縮」（「自反而不縮」）之「自反」雖可如「反身」之例解，但若側重從「反省自察一己之是非曲直」的意義面向以作解釋，似乎也簡顯易明，且有孟子「是非之心」可爲依據，而實亦爲唐先生所採取。今細考孟子「心之官則思；思則得之，不思則不得也。」（〈告子篇〉），則此心（之自身或本性）必思而得，要不然就是心雖已通過思的作用而如如呈現，卻無所滯留或純熟入化而不顯一般思相。光就此句之「思」言，並不必排除「省

〔註38〕同註34。

〔註39〕牟宗三先生根據孟子所謂「湯武反之也」之「反」字及「先知覺後知，先覺覺後覺」之「覺」字，而建立「逆覺體證」（「反而覺識此本心，體證而肯認之，以爲體也。」）一詞，認爲這是孟子本有之義，並說到：「良心發見之端雖有種種不同，然從其溺而警覺之，則一也。此即是『逆覺』之工夫……大舜在深山之中雖說不上是陷溺，然亦是不覺之溺。及其一旦警覺，則一覺全覺，沛然莫之能禦。胡五峰就良心萌蘗而指點之，顯以孟子爲據，又明是言逆覺。此是道德踐履上復其本心之最切要而中肯之工夫，亦是最本質之關鍵。」俱見《心體與性體（二）》，頁476。另外，牟先生又區分逆覺體證爲「內在的體證」與「超越的體證」兩形態：「『內在的體證』者，言即就現實生活中良心發見處直下體證而肯認之以爲體之謂也。不必隔絕現實生活，單在靜中閉關以求之。此所謂『當下即是』是也。李延平之靜坐以觀喜怒哀樂未發前大本氣象爲如何，此亦是逆覺也。但此逆覺，吾名曰『超越的體證』。『超越』者閉關（『先王以至日閉關』之閉關）靜坐之謂也。此則須與現實生活暫隔一下。隔即超越，不隔即內在。此兩者同是逆覺工夫，亦可曰逆覺之兩形態。（《心體與性體（二）》，頁476～477。）

察是非曲直真妄」的面向或歷程。然孟子隨此而說:「先立乎其大者,則其小者不能奪也。此為大人而已矣。」此「大者」依上下文義即是指作為人生命「大體」的「心」(之自身或本性);那麼,既然此心(大者)必思而得,故此大者(心)之立亦至少當是通過思的作用而立(即使也可以有種種不同的外緣因素以助引發心之思),則此思的層次又必當屬挺立人生命的大體或大本之思者。復觀孟子「惻隱之心,仁也;羞惡之心,義也;恭敬之心,禮也;是非之心,智也。仁義禮智,非由外鑠我也,我固有之也;弗思耳矣。故曰:求則得之,舍則失之。」(〈告子篇〉)之言,則所思者乃我內在固有的仁義禮智、四端之心,思以求之即得之、保有之或顯現之,否則即失之。是以,綜合言之,此思乃樹立身為人之生命大本的內在仁義禮智之心的一種關鍵性功能,它自然是道德實踐理性中之思,具有醒覺體悟內在本體的作用,但也可以進一步說,具有繼續保存或發明、展現此心之本體(誠者、仁義禮智之心)而充達之的作用。故要說孟子「思誠」之「思」含有某種「返回頭來自覺內在本心本性」之義可,要說此「思」蘊涵一種「心之醒豁狀態中直要發明、充擴此心自身以繼其誠」之義亦未嘗不可。牟宗三先生曾釋此「思」說:「操存是工夫語,思是心官所發之明。操存底可能之內在的動力,即其最內在的根據,即是『思』也⋯⋯心之官既即指仁義之心言,則『思』字亦是扣緊仁義之心而說的⋯⋯嚴格言之,惻隱、羞惡、恭敬、是非之心中皆有思明之作用(即誠明之作用)在其中。此思即他處孟子言『思誠』之思,亦洪範『思曰睿,睿作聖』之思。依康德詞語說,是實踐理性中之思,非知解理性中之思⋯⋯前賢所言的『思』大皆是屬于實踐理性的,只就仁義禮智之心而盛發其道德實踐中的無邊妙義。」〔註40〕此闡釋固善也,然唐先生就孟子言思誠之理路脈絡以揭「思」之義蘊說:「思誠即充達此心,此中只以思誠繼誠,便全幅是直道而行之正面工夫,而工夫亦即在此心與外物感應之事上,流露之四端上識取。」〔註41〕此則亦獨到而兼得「思」之多向度的意義矣。

　　我們再細辨之,整個說來,唐先生在此,主要仍就心感通於外、不離於事而如如呈現、直道流行的當下歷程以言識取,可謂才一覺識,覺相即化於此繼成感應之事以充盡之的歷程中,而無所滯留、表裏洞然開朗〔註42〕,並

〔註40〕牟宗三:《圓善論》(臺北:臺灣學生書局,1985年7月初版),頁51～52。
〔註41〕同註34。
〔註42〕唐先生曾強調性情心、德性心之無所滯留、表裏洞然之義說:「性情心之『應』,

非直接著重「反觀自覺本心而體證之以爲性」一義。這就保持其從「操存舍亡」而直須「提起精神、收拾精神」以充擴續繼、剛健不息的面向來詮釋孟學主要工夫的立場。故回頭內觀之意淡，更初無反省心中僞妄之意；只是，亦不能說其中不具有內在的根據或不符合「先立乎其大者（心）」（《孟子·告子篇》）的進路，因爲「心之如如呈現於事中」乃唐先生之詮釋裡的一個要件，他也明明說孟子言心「重在直指此心之如是如是呈現，而其呈現，乃即呈現於與外相感應之事中……此心有諸內而形諸外，見於自己之身與人物之交」〔註43〕，則此心已是貫通內外而醒覺明現的了，更何況要求此心之不斷充擴續繼呢？至於牟先生之「逆覺體證」，從他以闡釋胡五峰之「識仁之體」，並力辨此「識」異於朱子所謂「察識」（察識情之已發，推廣之，格物窮理俱在內）〔註44〕，尤其明說：「『逆』者反也，復也。不溺于流，不順利欲擾攘而滾下去即爲『逆』。」〔註45〕、「凡放其良心者，若能于其溺于流中，就其萌蘗之生當下指點之，令其警覺，或自警覺，覺而漸存漸養，以至充大……良心發見之端雖有種種不同，然從其溺而警覺之，則一也。此即是『逆覺』之工夫。」〔註46〕即顯見「逆覺體證」亦非重在省察心中之僞妄或私邪之意，甚至亦要於其後繼之講以存養而充大之工夫，但只就其本身之整體名義看，回頭內觀以自覺自證之意仍較濃。又牟先生雖一再強調「逆覺體證」爲道德實踐工夫之本質的關鍵〔註47〕，然亦於「逆覺」工夫之至，提及異質地跳躍到本心當體直下一純全純而毫無隱曲地不容已之「頓悟朗現以大定」的積極工夫〔註48〕，此則又似乎略比「逆覺體證」更近於唐先生之說（仍微

如見孺子之入井而應以惻隱之心……此中由見孺子入井，至惻隱之心，再至此心情之表於援之以手，整個是一開朗之歷程。而此歷程，嚴格言之，乃即見即惻隱，即惻隱即求表之於往援之以手之行爲。此中，知情意是三位一體。知是由外達內，意與行是由內達外。此中是才有外達內，而內動惻隱之心，即有內達外……一般認識心、理智心，初即依於此外來者之滯留於內，以有所認識；而此惻隱之心中，則可並無此滯留。唯以在此中，心無所滯留，而直感直應，方見此惻隱心爲一表裏洞然之眞惻隱心。此外一切性情心，亦皆以能達此表裏洞然之一境，爲最高標準。」（《導論篇》，頁109。）

〔註43〕 同註26。
〔註44〕 參見《心體與性體（二）》，頁476～484。
〔註45〕 《心體與性體（二）》，頁477。
〔註46〕 同上，頁475～476。
〔註47〕 參見《心體與性體（二）》，頁239、476、477、479、480等。
〔註48〕 同上，頁239～240。

有異），且自此以往即同於「堯舜性之」的層次，乃超自覺，稱體而行，自然而然〔註49〕。是則牟先生之說，又與唐先生略殊途而同歸於具道德本心根據之「性之也」的理想，也同樣都要講存養擴充的工夫，唯強調的程度略異耳。若要徒就殊途言之，或可說唐先生眼中的孟學主要工夫，大致介於牟先生「逆覺體證」與「頓悟朗現以大定」之間，而略與後一項爲近；唯此後項可說較突顯形而上的本體之普遍全幅意義的頓然覺悟朗現，而唐說則較著重本體流露化融於一一具體之事而放平，並順之平平實實勉力勿忘（不放失）以繼續充盡的歷程。若再相較於宋明理學家，則唐說似頗近於明道與象山，並有所承於橫渠「繼善成性」和船山「命日降，性日生日成」的精神，而通於易教也。

另外，孟子在〈告子篇〉第八章還提到人日夜所息的平旦之氣之存亡，此已蘊涵尚未被白晝所作所爲擾亂之未與物接時，一般會油然生養出清明之氣而良心有所萌發的意義。是則心亦有尚未處於事中而自然滋生、存養的情形，此則略具牟先生「逆覺體證」中之「超越的體證」的意味〔註50〕。唯孟子此處所言，仍在強調皆因旦晝所爲之反覆牿亡此夜生的清明之氣，致放其良心而違禽獸不遠，非人本無善性，故歸結於心之「操則存，舍則亡。出入無時，莫知其鄉。」，以警醒人之存養工夫不容頃刻間斷，是則又與唐先生所論一致也。不過，孟子也提示：「養心莫善於寡欲。其爲人也寡欲，雖有不存焉者寡矣；其爲人也多欲，雖有存焉者寡矣。」（《孟子・盡心篇》）蓋多欲則紛馳擾亂，寡欲則能暫隔欲望之紛擾，使心清明而易呈現其本色、本性以生養之，則寡欲以養心亦可說是某種方式的「超越的體證」，更且似有對治欲望或負面者的意味〔註51〕。此處，孟子雖非以一切欲望爲惡而必欲絕之，然卻

〔註49〕參見註28。

〔註50〕高柏園先生曾引孟子該章，而分析說：「……當吾人於深夜暫時隔開一切的牽引、誘惑，其實也就是暫時由日常生活中掙脫出來，而讓本心良知得以充分發用，此暫時之隔不正是超越的逆覺體證之所以爲超越嗎？」（〈論牟宗三先生「逆覺體證」義之運用〉，《鵝湖月刊》1997年1月第二十二卷，第7期總號259，頁5。）

〔註51〕同上，高柏園先生說明「超越的逆覺體證」時，亦引此「養心莫善於寡欲」章云：「寡欲的目的即在使人由欲望的紛馳中暫時隔離開來，使良知本心有機會以其原來面目呈現，而吾人即在此呈現之時充分體證之。然而，無論是平旦之氣或是寡欲養心，都是針對生命之放失紛馳而發，也可以說是針對生命之病痛與負面性的存在而發……」。

難說全是正面直養之工夫。

於此，我們或可稍替唐先生圓其說云：先生之論只在強調孟子言心和工夫之"主軸重心"或"大本精神"為正面之興發和存養擴充，非謂在孟子無「超越的逆覺體證」之工夫可說，亦非謂孟子毫無「是非反省以擇善抑惡」之功也。故云：「此心"初"乃一直接面對人物而呈現出之心，"初"非反省而回頭內觀之心」〔註52〕、「"初"只是正面之盡心」〔註53〕、「尚非"必"如後儒及今之所謂反觀之自覺」〔註54〕，或僅進一步強調說：「孟子之言明善思誠、誠身，皆"重"在正面之工夫，而"忽"反面之毋自欺去不誠之工夫。孟子言人之自正其心之工夫，"唯重"在正面之操存此本心而勿失。」〔註55〕雖然仍見說得似乎較緊之處，如《原性篇》：「緣是而孟子之養心之工夫，亦"唯是"正面的就此心之表現於四端而擴充之，直達之，另無待於曲折之反省。」（頁38），又如《導論篇》：「孟子之修養此心之工夫，純是一直道而行之工夫」（頁99）、「吾人上來之意，是說孟子之言心，實只有出入存亡二面」（頁100）、「在此處，吾並不以孟子之言心之義為全盡。然孟子之言，實只及於此」（頁101）、「孟子之德行，皆為直承性情心之充達而成」（頁142），但這些大抵上是在其對比地凸顯孟、墨、莊、荀四家言心之殊異的用意下說的〔註56〕，且可說是在「吾人如扣緊孟子言性善，乃自心之無所為而為之直接感應，及心之悅理義而自悅處，以見性善之義」〔註57〕的脈絡前提下所揭示的。何況，君不見唐先生於《原道篇（一）》裡，亦以「反省自察一己之是非」義解孟子之「自反而（不）縮」〔註58〕，以「自知其心性之未盡其用時，所自蹈之非，而更自『格其非心』」為盡心工夫之一端〔註59〕？君不見唐先生還提及「重返主體以反省自覺」、「在生命心靈立根而內省自求」以說孟子人禽之辨〔註60〕？再退一步說，唐先生也並不以為前述孟子所言之心及

〔註52〕同註25。
〔註53〕同註30，頁104。
〔註54〕同註29，頁102。
〔註55〕《導論篇》，頁147。
〔註56〕詳見《導論篇》，頁90～154。
〔註57〕《導論篇》，頁98～99。
〔註58〕參見本文〔註33〕處以及註32。
〔註59〕參見註10。
〔註60〕《唐君毅全集》，卷十四，《中國哲學原論‧原道篇（一）》（以下簡稱《原道篇（一）》），頁218，說道：「孟子之言人與禽獸之辨……要在由辨人與禽獸不

相應而生的修養工夫爲全盡〔註61〕，甚至也針對靈覺沉沒陷溺已久之執著，強調其升拔超越之道要在「先以虛靜自持，或暫不接外物，於此虛靜中存養其自己」，故「在宋儒即多以虛靜爲入德之門」〔註62〕，而頗有同於牟先生「超越的體證」之說者也。

第五節　總述唐先生之論孟學工夫，並申論工夫境界之型態

　　總之，唐先生標舉正面存養四端之心之「充達而續繼不斷」的工夫，以爲孟學的大本精神，故雖相當肯定學、庸與理學承接發展了孟子之教，卻再三特意區別其與孟子工夫之異處說：「在孟子之言……此心有諸內而形諸外，見於自己之身與人物之交。此便可通於中庸所言合內外之義。但在孟子，則只說及此心當有事。」〔註63〕、「此與大學中庸之工夫之重去自欺以存誠，對『不誠』而『誠之』，言致曲能有誠，與宋明理學之重內心中省察，去心中賊者，實有異。」〔註64〕並強調孟子盡心工夫雖其至也可達難以企及之高明廣大的境界，然其始也實亦親切可樂而易行，所以又說：

> 此盡心之事中，即有心之自悅自樂其心之盡。是謂「反身而誠，樂莫大焉」。我自己之盡心，即將外之人物涵攝於我心之內……於此一直充達此心，充類至盡，便可說「萬物皆備於我」。亦即由集義而「浩然之氣，塞乎天地之間」之事，「君子所過者化，所存者神，上下與天地同流」之事。此等話，從高明廣大處去看，固非吾人所能企及。

同類，以使人自知人之所以爲人。此自知，則要在人之能重返于其自身之主體，而加以反省自覺。由此反省自覺所得者，唯是人之生命心靈之自身之性，爲其仁義之德之根之所在者。此其思路，又大不同于墨子，而同于孔子之言學言仁，必在人自己之生命心靈上立根，而重人之內省自求之功者。」

〔註61〕唐先生曾說：「在此處，吾並不以孟子之言心之義爲全盡。然孟子之言實只及於此。」（《導論篇》，頁101。）又說：「後來大學說『毋自欺』是誠，中庸由『擇善固執』言『誠之』，伊川說『無妄之謂誠』，皆進一步由反省以出之工夫。此是工夫之加密，鞭辟就裏。順孟子之教引而申之，最後亦當發展出此義。」（《導論篇》，頁104。）

〔註62〕此處參見《唐君毅全集》，卷二十四，《生命存在與心靈境界（下）》（以下簡稱《生命存在與心靈境界（下）》），頁207。

〔註63〕《導論篇》，頁102～103。

〔註64〕同上，頁104。

> 但其工夫，實只在一當前能使心與事相孚，全幅精神在事上，此處
> 盡心便是誠。〔註65〕

蓋於感物事中，順此心感通之方向，盡我眞誠惻怛、自悅自樂之道德心志以完成該事即是盡心矣！例如，感一不義或悲憫之事，即興發改革之或救贖之之心意，如是貫徹做去，覺乃我心之自命或不容自已，又如此等類事之命我或宇宙上天之命我〔註66〕，於此即見此乃天地鬼神亦不能違背之者，則知此中我心之有「絕對的普遍性」在矣，乃若天機之發露流衍，並知此分殊之事即天理之展現於人間也。常置我心於此天機流衍中（所謂「集義」、「存養」），若合一契，久之純熟，自可體見「我之心即是宇宙之心，宇宙之心即是我之心」，而浩氣充塞天地、萬物皆備於我，內外皆一片天德流行、神明妙運也。故曰：「上下與天地同流」、「盡其心者，知其性也；知其性，則知天矣。」（《孟子‧盡心篇》）

如上，唐先生有力地突出了孟子之心的特徵及養心工夫的特色，也作了大致一貫的詮釋，充滿啓發而興人之心志也。

最後，我將接續以上的討論，把當中所涉及的德性工夫境界大致歸納成數個層次，並試圖貫串起來。其中層與層間可有重疊之處，亦或相應於不同的根器或情勢而異其高低、先後。此數個層次由下而上約略依序如下：

（一）隨機「反省自己存心或行為情用之是非曲直、眞偽實妄」或「察識事物之正曲當理否」，而作自我循理歸正返眞之要求，此約略相當於《大學》之「毋自欺」、儒者夙重之「改過內省」〔註67〕，或屬於程朱所謂的「察識」。蓋有志於仁義，冀知「可欲之善」以非惡，進而求其善皆出乎仁義之心而「實有諸己」也〔註68〕。

（二）經由省察自己或事物之陷溺、曲妄而生不安、羞惡等惡惡之情，

〔註65〕同上，頁 103～104。

〔註66〕自命與外命或天命之相合關係，唐先生多處論及之而夐絕矣。如：《導論篇‧原命上》，頁 544～547；《原道篇（一）‧孔子之仁道（下）》，頁 118～132；《生命存在與心靈境界（下）‧天德流行境——盡性立命境——觀性命界（中）》，頁 194～202。筆者以為此乃唐先生「盡性立命」（「天德流行境」）之論的一個關鍵點。

〔註67〕參見《導論篇》，頁 148。

〔註68〕孟子曾言成德之歷程曰：「可欲之謂善，有諸己之謂信，充實之謂美，充實而有光輝之謂大，大而化之之謂聖，聖而不可知之之謂神。」（《孟子‧盡心篇》）朱子集注釋之善矣（見蔣伯潛廣解‧宋朱熹集註：《四書讀本‧孟子》，臺北：啓明書局，頁 360～361），而唐先生又闡之明矣（見《原道篇（一）》，頁 242～244），唯若干部份與朱注略有出入。筆者則斟酌其間以解之。

以及因見怵惕可憐、崇高之事而直感惻隱不忍、恭敬謙卑或藉緣暫時隔離利欲之牽引紛馳而良心清明自然萌發等好善之情，而「反觀自覺內在本心本性而體證肯認之」。這一層大致相當於牟先生所謂的「逆覺體證」。若就自覺地作道德工夫而先行體知道德判準以決定方向言，固無可否認其爲本質的關鍵〔註69〕，甚至，一旦體認眞切篤實，則自然要求行去、充大去；然而，若就各人入道之契機言，則未爲必然優先唯一之路，就行道之境界言，亦不必是最夐絕、最自然無滯者。又，此體證後，若能化融而無所黏滯，即通於下述第三層，若至乎頓悟朗現全體意義而大定，則入於下述第四層。此第二層，蓋爲主體之“自覺”「可欲之善」奠定不拔根基，而“能夠”確立仁義之內在根源，使其善「信有諸己」也。

　　（三）由如上之不安、羞惡或惻隱、恭敬、清明存善等好善惡惡的四端之心的流露呈現或默契，「當下逆覺而化」，心融於事，不滯不矜，只順之而「直下承擔」（此已初具「承體起用」的意義），直感直應，專心致志於此當下感應之事，貫徹到底，健動活潑地正面力行去「充擴續繼」發明此等四端之心於相應的臨在生活世界，不懈怠地順從良心不容已的要求以大力邁進，亦若常置於天機之發露流衍中。不僅其善「信有諸己」，更「充實而美」，自然含具「充內形外」之勢，且有時亦光輝照耀於人間，而「或有光輝」也〔註70〕。如是，集義而浩然，充養而精熟，無休止地朝向「洞達宇宙意義、盡備萬物（體物而不遺），而知天、性之，成己成物，存神過化」的境界前進。這大致相當於本文所闡唐先生詮釋的孟子之主要修養工夫，而其至也即亦已通達下述第四層。

〔註69〕關於此點，牟先生曾有力地指出：「警覺而後操存有所施。不覺不知，操存甚麼？……夫『未見之間』，功無所施。即『有用功處』，如朱子所說之平日之涵養，焉知其所涵養者是此『本心』耶？焉知其非成心習心耶？人皆有此本心，然不警覺而體證之，在茫茫習心本能之機栝中滾，此心雖自有，亦只是隱而不顯耳。而其人即總在不覺中，不復知有其本心，亦不知其本心之何所是，不能有體之肯認與體證。于此而言涵養之功，則涵養甚的，眞成問題矣。汝如何能知並斷定此所操存涵養的必是本心，而不是習氣本能耶？……本心是具體的眞實……吾人就其表露之端警覺而體證之，是肯認此本心之實際的亦是主觀的根據，同時亦是自覺地作道德實踐之本質的關鍵。」（《心體與性體（二）》，頁479～480。）又程子也說：「士之所難者，但有諸己而已。能有諸己，則居之安資之深，而美且大可以馴致矣。徒知可欲之善，而若存若亡而已，則能不受變於俗者鮮矣。」（參見註68）可互參（雖然此中之「有諸己」，其義不必限於「逆覺體證」）。

〔註70〕同註68。

　　（四）由「逆覺體證」而存養擴大以充盡地頓覺上去，或由四端之心之直下承擔而充擴續繼、剛健不息的工夫歷程以至於豁然貫通、孓然一悟，使此「逆覺」（屬第二層）或「直下、不息」（屬第三層）頓時化為通透心與宇宙之全體意義或創造本性，而即寂即感、朗朗在現之超主客的心靈境界；斯則「沛然莫之能禦」、「純亦不已」，內在「充實」至極，而大顯「光輝」，普照人間，從此超內外、貫上下，抵於大定。久則熟而「大而化之」〔註71〕，唯是即天德的本心之自然流行，與堯舜無二而「性之也」。這時，若要說其不容已，也只是如如自然的不容自已，並無絲毫勉強或命令相；若要說其「承體起用」，則亦無「承」之相可說，而只是「從心所欲」、「大化流行」，成己成物。此所謂「不思而中，不勉而得，從容中道」（《中庸》）、「所過者化，所存者神，上下與天地同流」（《孟子‧盡心篇》）。既達到了「和順積中而英華發外，德業俱盛」〔註72〕，所謂「充實而有光輝之謂大」〔註73〕；更且「泯然無跡，內德之深、外化之功皆妙不可測」〔註74〕，所謂「大而化之之謂聖，聖而不可知之之謂神」〔註75〕也。牟先生所謂「頓悟朗現以大定」的積極工夫，以及唐先生之「天德流行境」（「盡性立命境」）其超主客的真純聖人境界〔註76〕皆可歸屬此層。又此「盡性立命境」可多方通達其餘心靈境界〔註77〕，亦常智以輔仁，設禮樂教化（游於藝）以陶養德性〔註78〕，這即含有「廣設一切法門」以人文化成天下，遍潤萬物之義矣

〔註71〕　朱子注孟子「大而化之之謂聖」，曾引張子橫渠之言曰：「大可為也，化不可為也，在熟之而已矣。」（參見註68）

〔註72〕　朱子注孟子「充實而有光輝之謂大」云：「和順積中，而英華發外，美在其中，而暢於四支，發於事業，則德業之盛，而不可加矣。」（參見註68）

〔註73〕　同註68。

〔註74〕　「泯然無跡」取自朱子注「大而化之之謂聖」：「大而能化，使其大者，泯然無復可見之跡，則不思不勉，從容中道，而非人力之所能為矣。」（參見註68）「內德之深、外化之功皆妙不可測」則主要本唐先生之疏解「聖而不可知之之謂神」中所謂：「即自此聖德之內在的深度之不可測，與其見于外之感化之功，不可測處，名之曰神。」（參見註68）並配合朱注所引程子之言：「聖不可知，謂聖之至妙，人所不能測，非聖人之上，又有一等神人也。」（參見註68）

〔註75〕　同註68。

〔註76〕　唐先生曾說：「此所謂成聖之生命，為至其極而得其所止息之生命云云，非謂此生命至此即無所事事，而是說其自此以往，其生命之活動，全是不思而中，不勉而得之自然合理，即純是天理流行，天德流行，如孔子之七十而從心所欲不逾矩。」（《生命存在與心靈境界（下）》，頁288。）

〔註77〕　參見《生命存在與心靈境界（下）》之第二十九章〈專觀「盡性立命境」之通達餘境義〉。

〔註78〕　參見《生命存在與心靈境界（下）》，頁209～216。另《唐君毅全集》，卷五，

〔註79〕，而可由儒家"本末兼賅、守經治史，重視傳統智慧，素以「人文化成」爲職責"之生命實踐史得其明證。但此仍不出「充實而有光輝，大而化之，不可知之」之大人神妙聖境也。

　　以上數層德性工夫境界，約略從淺近到高遠，由人爲力勉至神妙自然，也大致符合孟子所言由善信而美大至聖神之成德歷程。此歷程前後一貫，上下一理，要在「居仁由義」而「存養擴充」以續繼不斷至於無窮而已〔註80〕，難以截然劃分。更不必太過執著其高下、先後，蓋各人天生氣稟根器有異，文化背景和成長環境以及面臨的情勢和處境亦或不同，其上昇成道之機緣和途徑自難全同，故法門本當有多端以因應各別之需，若必強求一致，不僅很可能無益於人之成道，而且反易生弊害也。《易‧繫辭下》曰：「天下同歸而殊途，一致而百慮。」《中庸》曰：「萬物並育而不相害，道並行而不相悖，小德川流，大德敦化。」孟子曰：「勿忘勿助長也。」遠乎其尚矣！

　　《人文精神之重建》頁 259 説：「人能以德性涵蓋人文，人文陶養德性，依仁而游藝，則内心之仁與外表之藝，交相護持，而人之精神亦寛平舒展矣。」
〔註79〕現代禪李元松先生曾將修行分爲十三個次第，最高一層即爲「爲度無量眾生，廣學一切法門，朝向成爲一切種智智者的方向無休止地邁進。」並強調所有的教法都只是到達目的地的方便教，只具有「工具」與「方法」的意義，不是實相本身，不可對它產生執著。參見鄭志明：〈李元松與現代禪〉，《第一屆當代宗教學學術研討會會議手冊》(佛光大學南華管理學院主辦)，頁 38～39。
〔註80〕朱子注孟，曾引程門尹淳語云：「自可欲之善，至於聖而不可知之神，上下一理，擴充之至於神，則不可得而名矣。」(參見註 68)

第六章 唐君毅先生對孟子之「性」與「命」的詮釋

引　言

　　前已詳述唐先生對孟子言性方式及心之義涵的闡論，其中唐先生曾詳辨孟子言性乃即心言性善以及此心即性情心、德性心之義，然尚未以「性」為中心而論其義涵。又於孟子之何以必即心言性的理由，雖在嚴辨人禽異類的論述中，可稍得唐先生之啓示，吾文亦略已闡發補充之，然唐先生對此問題尚有精詳見解，我們還未加以論述。凡此，唐先生主要陳述於《中國哲學原論・原性篇》（以下簡稱《原性篇》）中，以下即針對此論述之。

　　此外，唐先生對孟子之「命」的闡釋，可謂夐絕古今，直入孔孟衷懷而發之，連仁厚虛懷如此的唐先生自己都要點出說「自以為差勝昔賢之說」﹝註1﹞。對此，我們雖曾隨處借其勝義以上契孟子，但亦大抵寓於隱微而未盛發，且「命」時與「性」緊切相連出現於孟子之說中，唐先生更即以「盡性立命」（即「天德流行」）名其心靈九境說之第九境，而觀「性命界」，故與「性」詮一併論述於此。

────────────

﹝註1﹞　《唐君毅全集》，卷十三，《中國哲學原論・原性篇》（以下簡稱《原性篇》）（臺北：臺灣學生書局，1984年全集版）（以下所引《唐君毅全集》各卷諸書，皆同此學生書局全集版），頁41。

第一節　中國先哲論性之原始方向與基本進路
——重塑今人對中國「性」字的理解

　　首先，唐先生藉著破除今日流行的以看待客觀有限存在事物之一定的「性質」或「性相」一般去看待「人性」的思維模式，以引導我們契入中國先哲論述人性所採取的基本進路或主要方向，而這正也是今日想要了解孟子「性」的義涵所須的預備。他先說：

> 在今日一般流行之常識科學及若干哲學之觀點中，恆以性之一名，直指吾人於所對客觀事物，所知之性質或性相……由種類之觀點、與特殊個體之觀點，以論一事物之性，其說自異。……由現實之觀點與潛伏的可能之觀點，以論一事物之性，其說自異。然要之，在吾人以性指吾人所對客觀事物之性或性質之情形下，吾人必以一定之概念，表達吾人所知事物之種種性質或性相……由是而人或以爲吾人今日對人性作研究，即只能將人性視作一客觀所對，更由概念之構造，對之作種種特定之假設、推論、觀察、實驗，以求對人性加以測定或規定，以成一科學之心理學：並視中國先哲之人性論，爲一初步之心理學。〔註2〕

此中重點，即是說：今日流行的觀點，乃繞出了人自己或者說人性自身之外，而把人性如客觀事物般地對象化了、特定有限化了，依此方式加以科學方法操作研究的結果，便只能得到一定的性質或性相，而無法眞了解中國先哲論性之勝義，而徒視之爲粗略。

　　因此，唐先生接著便對此等觀點或態度警斥地指出：

> 此性之一名之流行的意義，以及此種……觀點，在中國傳統思想中雖亦有之，然其見重，乃始自秦漢以後。佛學輸入後其所謂性之義中，乃確定的有「種類性」、「性相」等概念。然此皆非原始義之中國思想中之性，亦非中國思想中性之一名最重要之義。此諸義之性，在今日之流行，實由兼受西方之哲學思想之影響之故。本此觀點以看中國思想之性論與人性論之原始，乃一入路上之大歧途；亦永不能眞知中國先哲論性之主要涵義所存，價値所在，與其思想發展之

〔註2〕同上，頁20～21。

跡，何以如此之故者。〔註3〕

故若要自此大歧路迷途知返，則當知：

> 中國先哲之人性論之原始，其基本觀點，首非將人或人性，視為一
> 所對之客觀事物，來論述其普遍性、特殊性、或可能性等，而主要
> 是就人之面對天地萬物，並面對其內部所體驗之人生理想，而自反
> 省此人性之何所是，以及天地萬物之性之何所是。〔註4〕

換言之，中國先哲說性，主要是為「依據人性以實現某人生理想，完成某一
人生嚮往，或成就聖賢之人格或人文之教化」〔註5〕，「恒不止限於得真理，
而恒兼有一超越的目標」〔註6〕，決非先將人性推置於自己生命之外，視之為
有限而固定的客觀存有物一般，而是雖有往以遭遇天地萬物和一切價值理
想，卻恆返歸生命心靈自身，以自反省或覺悟人性之為何，連及天地萬物之
性之為何。

由此，唐先生繼續分辨說：

> 緣是而依中國思想之諸大流，以觀人之性，則人雖為萬物中之一類，
> 而不只為萬物之一類：人之現實性不必能窮盡人之可能性，而欲知
> 人之可能性，亦不能如人之求知其他事物之可能性，而本推論與假
> 設以客觀知之；而當由人之內在的理想之如何實踐，與如何實現以
> 知之。既對人性有知，自亦必有名言概念，加以表達。然此名言概
> 念，乃順此所知，而隨機以相繼的形成。此中可無人之先持名言概
> 念加以懸擬、預期或構作假設等事……人必知此義，方知中國先哲
> 之人性論之大方向所在。〔註7〕

此即「對人性，不視之同於所對其他萬物之性之一種，因而不先本特定之概念
之構作，自外假設其何所是，而唯由內部反省，以知其與萬物為異類，進而透
視『人之超乎萬物上之性』〔註8〕，亦可說乃從理想實踐的歷程以開展人「生
命心靈」的可能性，而由此以回頭反省或直下醒覺人性的意義或方向，只要實
踐的歷程不斷，則人性義蘊的發明亦不間斷，是見其非如客觀事物之為具定限

〔註3〕同上，頁21。
〔註4〕同上，頁21。
〔註5〕《唐君毅全集》，卷十八，《哲學論集》（以下簡稱《哲學論集》），頁763。
〔註6〕參見《哲學論集》，頁763～764。
〔註7〕《原性篇》，頁21～22。
〔註8〕同上，頁22。

的性質或性相之存在者，而是能生長變化、隨處開展以成就其自己者。

此動態的發展擴大以成就整個「生命心靈」之「性」的意義，唐先生在《生命存在與心靈境界》之「天德流行境」中，也有諸多類似的表述。我們擇要先看其中關於生命存在的一面：

> 原此自然之生命存在，即在其有生之時，亦唯賴不斷超化其生命之所已有之活動，以成其生命之存在……蓋其已有者不超化，不任之死亡，則繼有者不得有也。欲使繼有者有，正必使已有者無。則已有而向於此無，正生命存在之生幾之所在，而亦為此生命存在之所向、所願、所欲者也。〔註9〕

> 此一切人與其他生命存在之生，在根本上，是一創造之歷程，亦是一善之流行。此中若謂其有前生，此前生必先被超忘，而同於不存在。若謂其生，另有超越之形上根原，此根原亦必先被超忘，而其生如離此根原，而為一「破空而出」之赤裸裸的生命，以存於天地之間。則其初不自知有此前生，亦不自知其根原，即皆同為表現其生命之先天的空寂性、純潔性，而為一善之流行者矣。……此一切自然生命，雖有種種俱生之我執，然其所以能存在之本質或本性，仍在其內具之超越性，或善性。〔註10〕

按此所謂生命存在之「所向、所願、所欲」正可說是其「性」也，則此人之生命存在正以內具的「不斷超化」、「破空而出之創造歷程或空寂純潔之善的流行」為本性，如下面所說：

> 此生命之所以為生命，則不只是一有或一無，而至少是一由無而有、由有而無之歷程，或由隱而顯、由靜而動，更由顯而隱、由動而靜之歷程，或易傳所謂「分陰分陽，迭用柔剛」，如「尺蠖之屈，以求信（伸）也」之歷程。自此歷程上看，其有初不常有，亦不常無，則初無定執……亦對其所偶有者，能自超越……則可知此當下當前吾人之生命存在，與世界中存在之物之生之歷程之本身，即涵具一「無定執而自超越」之原理，或「道」，存乎其中，以為此生之所以為生之本性之善所在；並知此生之所以為生，雖屬於生者之自己，此生者亦在世間；而此原理、此道、此性、此善，同時能使其於自

〔註9〕 《生命存在與心靈境界（下）》，頁170。
〔註10〕 同上，頁173～174。

　　己之內部，超出其自己，而亦在世間中超出已成之世間。〔註11〕
順此以觀，則可「進而直下肯定此人之自己之生命存在，與其他之生命存在
之內在的價值，而更順此肯定，以求實現此理、此道、此善之全幅涵義；並
去除其外由對此生之所偶有者之生活上之執著貪欲等罪惡，以及其他種種由
思想分別而起之虛妄之見，以免於此生之所以生中足導致其死亡之病痛矣。」
〔註12〕是則此人之生命存在的意義內容，即在此「空寂純潔」、「無定執而自
超越」之「本性」的自覺、肯定和實現歷程中，在去除原本非有的執著貪欲、
虛妄分別等病痛桎梏的歷程中，逐漸充實而有光輝，生機活現。此則已不能
離開心靈一面而獨論。茲再從思想心靈一面看：

　　　　吾人之思想上之分別之本性，亦非只是成就一分別我執：其可形成
　　　　分別我執，而有思想上之不善，亦非此分別之本性之為不善。此即
　　　　由於人之思想上之分別，亦為能自超越其分別，而見此分別中亦有
　　　　超分別或無分別之心靈之貫注於其中之故。〔註13〕

　　　　此人之所用概念以判斷之事之中，亦有思想活動之超越性與思想活
　　　　動中之善之表現。因人之用概念以判斷之事，乃人之自選擇概念，
　　　　或更迭的運用概念，以成一對事物之適合之判斷之事。此……即有
　　　　其所用之概念，在思想歷程中之不斷的隱顯、屈伸、進退、往來，
　　　　而此……即人之思想之能自己超越其自己之性之表現，亦此思想所
　　　　在之生命之自己超越其自己之性之表現。〔註14〕

　　　　在人之不斷選擇而更迭的運用概念之事中，此概念之由顯而隱，由
　　　　伸而屈，由進而退，即此概念判斷之自歸於寂之事。剋就其歸於寂
　　　　之處，其心靈之未嘗不在言，即見此一心靈，為超概念之應用判斷
　　　　之形成，之一非分別，亦無分別之心靈，亦無對概念判斷之執著之
　　　　心靈。若無執著為善，則此心靈亦為具一善性者。〔註15〕

　　　　人之有概念判斷之思想活動之形成，以分別人我，乃後起之心靈生
　　　　命之活動：人之心靈生命之原始活動，乃一感覺情意之活動。在此

〔註11〕同上，頁160～161。
〔註12〕同上，頁160。
〔註13〕同上，頁175。
〔註14〕同上，頁175～176。
〔註15〕同上，頁176。

> 人之感覺情意活動中，人有所感，在此感中，初不知有人我之分別，
> 亦未形成概念判斷，以分別人我，則此感中，不能說已有分別我執
> 之表現也。〔註16〕

依此，人之思想心靈雖可能落於分別我執，然其自身本亦有自行超越其分別
而表現出超越性的本性，亦時有暫停判斷、自歸於寂之無分別、無執著的善
性。更且心靈生命的原始，乃一未行概念判斷而初不知有人我分別之感覺情
意的活動。故若能直順其最原初的情意表現以流行，自覺此非分別的心靈之
呈現與存在而操存之、保養之，或者不斷超越定限的概念判斷而保持其虛靈
明覺，創造不已地充實開展，則能不落執著、桎梏，避免死機，而見此思想
心靈所在之生命整體其性之豐富意義，並得「於人德之成就中，同時見天德
之流行」〔註17〕也。

　　總之，唐先生認爲中國先哲之論人性要在：「面對人之恆寂恆感之心靈與
自無出有之生命自身，而論述人性。此即明與間接通過自然萬物之性與神靈
之性，以論述人性之方式不同，而可稱之爲一直接面對人性而論述之方式。」
〔註18〕並歸攝其義說：「中國文字中之有此一合『生』與『心』所成之『性』
之一字，即象徵中國思想之自始把穩一『即心靈與生命之一整體以言性』之
一大方向；故形物之性，神靈之性，皆非其所先也。」〔註19〕

　　以上對中國先哲論「性」大方向的釐清工作之敘述，乃有助於我們理解
唐先生何以特從「心之生」以詮釋孟子之「性」，之其間的思路線索，然此又
有必要先闡明何以不從其前「即生說性」的傳統而必以「即心言性」代替，
故唐先生先論明後者的理由。

第二節　孟子特就心以言性之理由
——由「以生言性」到「即心言性」

　　「性」既指「心靈與生命之一整體」，且原爲「生」字，而「生字初指草
木之生，繼指萬物之生，而於人或物之具體生命，亦可逕指爲生……一具體
之生命在生長變化發展中，而其生長變化發展，必有所向。此所向之所在，

〔註16〕同上，頁177。
〔註17〕同上，頁155。
〔註18〕《哲學論集》，頁764。
〔註19〕《原性篇》，頁122。

即其生命之性之所在。」〔註20〕孟子之前，性仍為此生之義，故告子所云「生之謂性」實乃性之傳統舊義，著重具體生命之所向，則從「自然生命之欲」說人性自無不可。那麼，孟子何以定要改易此說，而只重就性之心靈（精神生命）一面說人之性呢？

　　蓋「仁義理智之心、與自然生命之欲，不特為二類，一為人之所獨，一為人與禽獸之所同；而實唯前者乃能統攝後者。」〔註21〕且「唯曰此『心』之能統攝『自然生命之欲』，孟子之『即心言性』之說，乃能統攝告子及以前之『即生言性』之說；而後孟子之以『即心言性』代『即生言性』，乃有其決定之理由可說也。」〔註22〕此中要義，乃不從平列的知識類概念之觀點看「仁義理智之心」與「自然生命之欲」，而從「價值的高低」或「存在力量的大小」以觀之，並試圖納性之字源義及性之思想概念的發展史於一爐，以得孟子所以如此主張的發展脈絡。其中，最關鍵點就在心與欲之間的關係為何？到底「統攝」之權能在那一方手裏？唐先生如此之切入，實博大弘擴矣，歷經周折艱難而勝出矣，然讀者若不細讀，似也易把價值層級之異（人禽之辨所簡切突出者）給模糊掉了。其實，唐先生於此之論，仍是把握住心對欲的義命之鑰的。因此，當唐先生分辨清楚問題後，一進入主題核心，便直陳道：

> 依吾今之意，孟子之所以不以耳目口鼻四肢之欲聲色臭味安佚，以及食色等自然生命之欲等為性之理由，乃在此諸欲，既為命之所限，即為人心中所視為當然之義之所限，亦即為人之心之所限。此即見此諸欲，乃在心性之所統率主宰之下一層次，而居於小者；而此心性則為在上一層次而居於大者。故孟子有大體小體之分。此中大可統小，而涵攝小，小則不能統大而涵攝大。故以心言性之說，亦可統攝以生言性之說。〔註23〕

其後始綜攝孟子之言，抉發其中所具備的可表示「心能統攝生」的意義者，歸納成四個層面，亦即心對自然生命的涵蓋義、順承義、踐履義、超越義，而分別說明之。試圖由此四種意義面向的說明，論證精神生命之心性與自然生命之欲望為上下層次的統率主宰關係。其說明詳矣，下面即引錄之而略加

〔註20〕同上，頁27。
〔註21〕同上，頁39。
〔註22〕同上，頁39。
〔註23〕同上，頁42。

點撥數語，不再贅述。唯此若相較於牟先生以所謂「價值上的差別」去凸出
孟子的人禽之辨，去解釋孟子之所以要反對告子的「生之謂性」〔註24〕，則
或可說唐先生乃從四個層面表明了此所謂「價值上的差別」也。

　　首先，唐先生敘述心對自然生命的涵蓋義說：

> 所謂自心對自然生命之涵蓋義，說『即心言性』之理由，即自人之
> 仁心原對人出自自然生命之欲望，如食色等，能加以一肯定而言。
> 人之仁心之不忍人之飢寒，不忍孺子之入井，即望人與孺子之自然
> 生命得其存在之心。人之仁心之望內無怨女，外無曠夫，即望人之
> 有家有室，使自然生命得其相續之心。此人之仁心，恆在遂人之自
> 然之情欲處表現，乃清儒戴東原、焦循等之所重，而孟子之依仁心，
> 行仁政，亦實不外遂人之情欲。戴、焦於此乃將血氣心知二面，相
> 對並舉以言性。然實則此二者間，有上下二層之不同，則不宜只二
> 面相對並舉說；而當謂人之仁心等，即以遂人之情欲等，爲其所涵
> 之內容。人誠能盡此仁心，則當於一切人之情欲，無不求遂之，即
> 此而可見人之仁心之量之所涵蓋統攝者，即無量無限，而能萬物皆
> 備於我，上下與天地同流者。故舉此大體而小體皆攝，然舉小則不
> 能攝大。故即心言性，可攝以生言性之說也。〔註25〕

這是「自心之涵蓋彼出自形色之軀之自然生命之欲說，乃橫面的說心之包括
自然生命之欲於其下」〔註26〕亦即此仁心會不忍人之自然生命和情欲等未能
得到基本的滿足，而要求適度的滿足一切人之情欲，以此爲仁心之一表現，
但此又非仁心之全部，並不可將仁心壓縮化約於此。

　　其次，唐先生敘述心對自然生命的順承義：

> 所謂自心對自然生命之順承義，說「即心言性」之理由，即人之仁
> 義禮智之心，孟子恆謂其乃原自人之愛親敬長之心而說，孟子以人
> 仁義禮智之心之初表現於孩童，即愛親敬長。故曰：「仁之實，事親
> 是也：義之實，從兄是也：禮之實，節文斯二者是也：智之實，知
> 斯二者是也。」達人之愛親敬長之心於天下，仁義之道即行於天下。

〔註24〕參見《圓善論》，頁10；或參見本論文〈唐先生對孟子思維方式和表達特色的
　　　　契會與詮釋〉之二之（四）。
〔註25〕《原性篇》，頁42～43。
〔註26〕同上，頁46。

　　原彼父母之生子女，與子女之相繼生出，乃自然生命之向前向下流
行而不返之一度向。此人之食色之欲，與禽獸繁殖之欲，初無不同
者。然人既出生，而對生之之父母與同生之兄姊有愛敬，更推此愛
敬而上達於先祖宗：則爲對此向前流行之歷程與度向，加以承順，
而回應反抱之另一種歷程與度向，以對前一歷程度向之只前流下
流，與以一「往而再復之貞定」者。此乃吾於文化意識與道德理性
等書所論，固非孟子之所已說。然孟子即子女之親親敬長之心以言
性，明與告子之自自然生命之食色言性者，乃自不同方向看人性。
此中，人之愛親敬長之心中，包涵對父母兄姊之肯定尊重，即包涵
對「依於食色之欲而有之其前之人類自然生命之流行」之肯定尊重。
人之本於孝心，以念身體髮膚，受之父母，不敢毀傷，與求嗣續以
承宗祀：則又包涵對自己之養身之事、婚姻之事之肯定尊重。此中
人依此心爲主宰，以盡孝心，而人之承其先之自然生命，與啓後來
之自然生命，以成此自然生命之向前向下之流行者，皆包涵備足。
至於人之只知食色之欲者，則未必能盡孝心。此即見人之德性心，
可統攝人之食色之欲而成就之：人之食色之欲，則不能統攝人之德
性心。此亦「即心言性」可統攝「以生言性」之義，而「以生言性」
之義，不能統攝「即心言性」之義者也。〔註27〕

　　這是「自心之承順自然生命之流行而肯定之，乃縱面的說此心之貫通於自然
生命之流行中。」〔註28〕原人皆有愛親敬長之心，而爲人之仁義理智等道德
心之初始表現，推而至於對列祖列宗的愛敬，此中即包涵對父母兄姊和列祖
列宗之生命的肯定尊重。而彼等之生命又源於更前的祖先依食色之欲而有的
人類自然生命之流行，故此愛敬之心即包涵對人類自然生命之流行的肯定尊
重，而亦要求養身、婚姻嗣續，使自然生命之流行不間斷，以盡此愛敬孝心。
是即承順自然生命之流行，兼及其流行之所以可能的食色之欲，而一併肯定
之、成就之，之回應反抱的歷程。此歷程即依於愛敬孝心之主宰而縱貫入自
然生命中以通之也。

　　再者，唐先生敘述心對自然生命的踐履義說：

　　　所謂自心對自然生命之踐履義，說「即心言性」之理由者，此即自

〔註27〕同上，頁43～44。
〔註28〕同上，頁46。

人具自然生命之身體，皆可成為人之德性心所賴以表現其自己之具
上說。孟子言「君子所性，仁義禮智根於心。其生色也，睟然見於
面，盎於背，施於四體，四體不言而喻」。此即謂由君子存心養性，
盡心知性而踐形，則形色之軀體，莫非此心此性之表現之所；而此
形色之軀體之性，亦即為此心之所充實所透明。故曰：「形色、天性
也。」人盡心必歸於成君子聖人，人成為君子聖人，人之自然生命
皆化為德性之生命，而形色之軀體之性，乃莫非此心之性。是見此
形色軀體或自然生命，即終歸於以表現此心性之性為性，而二性實只
一性。故可舉心之性以攝自然生命之性。然此中人可以形色之軀體，
為表現人之德性心之具，人卻不能顛倒之，而以德性心為形色之軀
體或自然生命，自遂其片面之情欲之具。若然，則縱欲敗德，德性
心不得盡，而人亦終不能自安。故唯可舉心之性，以攝此形色軀體
之自然生命之性，而不可舉此後者，以攝前者也。〔註29〕

這「乃自心之藉形色之軀，以表現其自己說，即自心之內在於此形色之軀之
內在義與主宰義說。」〔註30〕蓋仁義禮智之德性心可主宰乎形色之軀而通透
之、充實之，令自然生命化為德性生命，遂致內在於自然生命中，可謂以理
帥氣而終理氣不二也。

最後，唐先生闡釋心對自然生命的超越義：

所謂自心對自然生命之超越義，說「即心言性」之理由者，此即就
此心之可主宰決定此形色軀體之自然生命之存亡而說。蓋於此心，
人在平常之時日，固亦自愛其父母之遺體，而藉之以為踐形成德之
具。然因此心所欲之仁義等，恆有溢乎其自己之形軀之外者。故人
亦可在欲義欲生，不得兩全之時，舍身取義，殺身成仁。「一簞食、
一豆羹，得之則生，弗得則死，嘑爾而與之，行道之人弗受，蹴爾
而與之，乞人不屑也」；「志士不忘在溝壑，勇士不忘喪其元」；「富
貴不能淫，貧賤不能移，威武不能屈，此之謂大丈夫」。皆孟子所常
言。此處最能見人為遂其心之所欲，可置其具自然生命之形軀之存
亡於不顧。於此既見此心之至尊而無上，亦見此自然生命之形軀，
對此心為可有，而未嘗不可無者。則此自然生命之性，對此心之性

〔註29〕同上，頁44。
〔註30〕同上，頁45～46。

而言，亦可遂，而未嘗不可不遂者。彼能成仁取義者，可遂此性，即可以之爲性；不遂此性，即可不以爲性。人之成仁取義者，不遂其此性，而殺生舍身，其爲人乃流芳百世，而益爲世所尊；即見人之所以爲人之性，在此而不在彼。然吾人卻不能說：人之自形色之軀所發之自然生命之欲等，能超越人之德性心之上，而決定此心之存亡。亦不能說：無此心者，尚可稱爲人。人之能盡此心，即人之成爲人之充足而必然之理由。至於人之遂其自然生命之欲，對人之成爲人，乃既非充足亦非必然之理由。人之所以爲人，乃在其有此心，依此第四義，乃全彰顯而無遺。孟子之所以必即心言性，不即生言性，亦正由其深有見於人之心所欲，超溢於其生之所欲，而此心能自捨身殺生而來者也。〔註31〕

此「乃自心之對形色之軀之超越義說」〔註32〕，也就是心可主宰身之要存在或不存在，決定身之欲（生之性）之要遂之或不遂之，反之，則不然（雖或可產生蒙蔽的作用，但蒙蔽仍須人心之自棄始得，且浮雲一去，日即照耀當空也）。

　　以上四義，皆有孟子之言以爲證，如上述諸引文中唐先生所引述者，也都「同可由人之出自形色之軀之自然生命之欲，原受限於命、受限於義，亦受限於心，爲心所主宰，而居心之下層之義，加以引繹而出者」，故皆同可據之以見「即心言性之義，可統攝即生言性之義者」〔註33〕。由此觀之，可謂孟子之性乃是如上節所論的「就人之面對天地萬物和內部所體驗的人生理想，而自反省人性爲何」之所得的一種理想性、最初或最終之體性與價值性，亦即屬於唐先生綜攝古今東西之「性」的意義爲五大類〔註34〕裡的第四類。

〔註31〕同上，頁 44～45。

〔註32〕同上，頁 45。

〔註33〕參見《原性篇》，頁 46。

〔註34〕同上，頁 528～533。此處性之五大類指其中頁 532～533 所歸結者，亦即：一、由向外觀看思省，以知人與萬物在自然或社會所表現之共性、種類性、及個性、關係性；二、向外思省而知之人與萬物，所同本或同歸之形上的最初最始之一因、或最終果之體性、或形上的實體性；三、由向內觀看思省而知之吾人之當前有欲有求之自然生命之性，與有情有識而念慮紛如之情識心之性，更求知其實際結果及原因之體性；四、向內思省而知之吾人之心靈生命所嚮往、而欲實現、欲歸止之人生理想性，而即此理想性，以言人之生命與心之最初或最終之體性與價值性；五、分別由此四方面出發之言性之論，則恆須通過一內外先後之交之性，即吾人前所謂「趨向」或「幾」之性，以爲

第三節　論孟子即「心之生」以言性
──心與生之辯證的統合

　　進而，唐先生更闡明孟子之即心言性乃是即「心之生」此一意義以言性，換言之，乃就惻隱、羞惡、辭讓、是非等四端之心之生處而言性，或更仔細說自心之「直接感應」中所同時涵具的心之「生發現起」、「相續生長」而「自向」於其擴充以言性。由此亦可理解，孟子既然即心言性，何以心性又可以爲兩個不同的名詞，原來，「此心之性，乃剋就此心之生長，或能生長而言」也。明白以上，則知此性不可說爲西哲所言性質、性相之性〔註35〕。他闡釋說：

> 直就孟子之所言而論，心之性與情才，並無明顯之內外之別，而初是即心之情之生而俱見。如人有具惻隱不忍之情之心之生，見於對孺子之入井等，孟子即就此心之生，即可擴充爲一切不忍人之心；而言人性之有不可勝用之仁。又可由人有具羞惡之情之心之生，見於不食嗟來之食等，孟子即就此心之生，可擴充爲一切不屑不潔之心，而言人性有不可勝用之義。此中人之惻隱羞惡之情之心之生，而自向於其擴大充實者之所在，即仁義之性之所在，故即心之情而可見性；而其能如此自向於其擴充之「能」，即才也。〔註36〕

此乃強調心之性或心之自身，原即通內外而無限際，故其情其才實亦屬其性之本身，並不須說此性爲「深藏於心之內部之性理，與心之表現於外之情才相對者」〔註37〕。「謂心之性理與心之情才相對，乃程朱諸儒對孟子所言重加一反省的追溯，依概念的分解而生之論」〔註38〕，非孟子原有之主張。直就孟子論，初只是強調本心之情才之擴大充實，相續呈現生發，即此便是性之所在。且人之此性之端萌苗裔初雖幾希而若微小，但「充之盡之，以至于極，即是聖人」而「與聖人同類」〔註39〕，則聖人只是「先得我心之同然耳」（《孟子·告子篇》），故此心性之端萌實亦甚大而內具價值之根、聖善之源，並非要繞出其外另立一價值標準或善的觀念模型而以人性朝向它無盡追求也。此

　　　轉向其他之觀點之中樞。
〔註35〕以上參見《原性篇》，頁46～47。
〔註36〕《原性篇》，頁47～48。
〔註37〕同上，頁47。
〔註38〕同上。
〔註39〕參見《原道篇（一）》，頁220。

非謂「一般人之有惻隱羞惡之心者，即已全善，而同於聖人之善」〔註 40〕，不過，「剋就此等心之表現時說，此中固只有可以為善之性，而無可以為不善之性」〔註 41〕，只要不喪失陷溺梏亡之，而在生命歷程中，繼續不已地生發之、擴充之，即有「不可勝用之仁義禮智」，而可體悟性之所以為性，知其性之通內外而無限量、無創生之已止，以上達於天而同於聖也。

　　總之，「心之生所以為心之性，非純自心之現實說，亦非純自心之可能說，而是就可能之化為現實之歷程或『幾』說。」〔註 42〕若就其端萌苗裔之滋生、微現，而繼續生養擴充之，不使枯萎梏亡，便能有無盡藏之仁義之性，成就性之豐盈、莊嚴的意義而大善。之所以有不善的出現，乃由於心之「放失」、「不續生」而只務養小體，浸至自暴自棄而陷溺梏亡其心，然此「並不證此心之性之不善，而正反證此心之為善之原。如以日沒而黑暗生，不證日之無光，而正反證日之為光明之原也」〔註 43〕。且「此心之舍則亡，固不礙此心之操則存」，故「此心之一時梏亡喪失，不礙人之仍具此心」，而「此心之操則存，即此心之自操自存而自生，以見此心之生為性者也」〔註 44〕。其最簡捷的證明，則在當下之一念提起，實際自操自存其心以自知之、信之，而再以之度他人之心而已；如此「將能有以自信，而亦更無所疑於人心之能自操自存」，遂得一耳目外觀的表相外之一「超越的肯定」也〔註 45〕。

　　以上就「心之生」或者「心之化為現實的歷程、趨向或幾」的側面以說孟子之「性」，此約略屬於第一節裡所述的「由人之內在的理想之如何實踐與如何實現，以知的可能性（動態發展而非定執的）」，或該節中的「面對人之恆寂恆感之心靈與自無出有之生命自身，所論述的人性」，亦即唐先生所綜攝區分的性之五大類裡的第五類（趨向性、幾性、生生之性）。若再配合孟子之心的特殊內涵如上一節所凸顯者以觀，則可說依唐先生之見，孟子言性善，乃從人的心靈生命本有仁義禮智的理想或嚮往，而表現於四端之心的流露、顯發、充擴之生生不已的「趨向」上，以言者，故為綜合第四類（即理想性

〔註 40〕《原性篇》，頁 49。
〔註 41〕同上。
〔註 42〕同上，頁 49。
〔註 43〕參見《原性篇》，頁 49～50。另可參見本論文第五章〈唐君毅先生對孟子之心與養心工夫的詮釋〉之二。
〔註 44〕參見《原性篇》，頁 50。
〔註 45〕同上。另可參見本論文第四章〈唐君毅先生對孟子思維方式和表達特色的契會與詮釋〉之三「結語」部分最後第二段。

而言的體性與價值性）與第五類（趨向性、幾性、生生之性）而說的性，如陳特先生所已指出〔註46〕，而唐先生總結點劃中亦可見出〔註47〕者。再說，孟子之辨人性與禽獸異類，初看似乎亦爲自然中的種類性（第一類性）之觀點，實則其目的並不在辨別人與禽獸之「一般自然經驗類概念」上的不同，而是在凸顯出「價值上的差異」，故仍以「價值性」爲核心；「聖人與我同類」之「類」，亦非著重在種類性方面，而主要乃「自人之內在的存有此幾希，及人可充之、盡之，以使人逐漸同于聖人之歷程上，說我與聖人同類」，故仍側重於「價值」之創生實現的「趨向性」。此等皆已詳論於前面第四章第二節之第四小節（「孟子辨類之進一步闡釋」），不再贅述。至於是否可用「本質性」（潛能、可能性）說孟子之性，則恐要看在怎樣的脈絡下使用「本質」一詞而定，若就其爲道德理想或價值嚮往等理想性、價值性、意義性之生發流行的歷程之內在根據或本體內蘊而言之，則似亦未嘗不可，如唐先生就有將「本質」與「本性」視爲相近而以「本質或本性」連用者〔註48〕也。

第四節　孟子「立命」之涵義與「盡性立命」

依唐先生之見，孟子之「立命」乃承孔子之「知命」而來，故我們以下一併討論之。

在人的存在和行事歷程中，我們多少會感受到「莫之爲而爲，莫之致而致」的情境，也就是非人力所能主宰的一切先天或後天的「外在限制」，我們一般便常即此外在限制而統名之爲「命」。承此，遂有以「義命分立」解說孔孟之根本道德精神者，認爲現實的福份屬於外在之命，非關內在仁義之性，我只行我之義，求個心安理得，「求仁得仁，又何怨乎？」至於福份遭命如何，任由它去，非所當顧。如此確能凸顯儒家「反求諸己，行心所安」之教，《史記·伯夷列傳》早已甚能表而出之矣。

此等說法，唐先生早年解讀孟子之性與命時，已透露了類似的訊息：「孟

〔註46〕參見陳特：〈心性與天道──唐君毅先生的體會與闡釋〉，《鵝湖學誌》第17期，1996年12月（臺北：東方人文學術研究基金會），頁86。

〔註47〕《原性篇》，頁533。

〔註48〕例如《生命存在與心靈境界（下）》，頁164云：「……見其生命活動之所以爲生命活動之本質或本性，固原非處處皆有俱生之我執之存乎其中，而亦具自己超越其自己之性之道之善，存乎其中者也。」

子之所以不以耳目口鼻之欲為性，則由其乃求在外，而不同於仁義理智之心之求在己之故，蓋求在外，則非自己所能完成，即不直屬於我自己，故君子不謂之性」〔註49〕。此已曾詳論，不再贅述。今當續說，唐先生晚期雖仍肯認「孟子書中及當時所言之命原有外在之義」〔註50〕、「言命乃先自外說，此蓋孔孟墨子之所同」〔註51〕，但更指出孔孟之「命」的意義並未止於此，而有更高明積極的深義。他在論孟子之「立命」中，有一段直指核心的話說：

> 然在墨子由命為預定之限極之義上說，則命與義相違，遂貴義而非命。在孔孟，則吾人所遭遇之某種限制，此本身並不能說為命；而唯在此限制上，所啟示之吾人之義所當為，而若令吾人為者，如或當見、或當隱、或當兼善、或當獨善、或當求生、或當殺身成仁，此方是命之所存。唯以吾人在任何環境中，此環境皆若能啟示吾之所當為，而若有令吾人為者，吾人亦皆有當所以處之之道，斯見天命之無往而不在，此命之無不正。〔註52〕

又《生命存在與心靈境界（下）》說明「盡性立命」之涵義時，也有很相近的話：

> 然孟子之謂順逆之外境為命，亦非只外境中順逆之事實之自身，如此如此，即是命；而是說此順逆之事實，皆可啟示人一義所當為，而見客觀之天於人有所命。而人於此可有其自命自令，以立此自命自令之命說。〔註53〕

這二段話的關鍵，乃在命與義兩觀念之相連，而「義命合一」、「無義無命」，「義之所在，即命之所在」，然有曲折〔註54〕。

　　蓋首先，義之所在即命之所在，則此命則非如墨子所要非駁的預定之宿命，而「唯是先認定義之所在，為人之所當以自命，而天命斯在」，此見在孔孟，天所命人之當為之「則」乃與人所當以自命之「義」內容同一〔註55〕。然則「天命」與「義」內容既一，何以孔子又必於反求諸己以行心之所安（守

〔註49〕　《生命存在與心靈境界（下）》，頁40～41。
〔註50〕　同上，頁41。
〔註51〕　《導論篇》，頁545。
〔註52〕　同上，頁545～546。
〔註53〕　《生命存在與心靈境界（下）》，頁195。
〔註54〕　參見《導論篇》，頁535～536。
〔註55〕　同上，頁536。

義行義之「自命」）外，兼言畏天命？何以言道之廢亦是天命？如行道是義，天使我得行其道是命，此固是命義合一。然在道之廢時，則義在行道，而命在道之廢，豈不是命與義違，而當非命以貫徹行義？但孔子何以卻於此時仍只言人當知命、畏天命〔註56〕？

原來，「孔子之知命，乃由其學問德性上之經一大轉折而得。此大轉折，蓋由於孔子之周遊天下，屢感道之不行，方悟道之行與不行，皆爲其所當承擔順受，而由堪敬畏之天命以來者。此則大異於前之天命思想（筆者按：此指詩書以來通行的天命舊義中『天所垂示或直命於人之則之道』），亦不止於直下行心之所安之教者也。」〔註57〕是則其平昔之奮發自命以期望道之行於天下，卻時常遭遇道不行的情境，而與此道德心志之自命以望者全然相違背，此時平昔之所以自命者，即可能在此情境前頓然全失去其作用；而此面前所遭遇的情境（可謂出於「天」也，因爲此遇合非己或他人所能決定〔註58〕），即宛如直接命令呼召其在此境中之義所當爲，例如命令其當承擔順受之以俟諸來日，而其即知敬畏地回應之以「念天地之悠悠的悲歎」或「知其不可爲而爲之的自任」等義所當然者，如此即是「知天命」、「畏天命」、「俟天命」〔註59〕。此中，感義之所當然而回應之以正命，固亦是反求諸己以行心之所安，而爲「我之所自命於我」，然卻又不可只說是「自命」，而當說同時即是「天命」，因爲「無我，固無此一自命，無我之所遇合，亦無此自命。則于此凡可說之爲自命者，而忘我以觀之，皆可說爲我之遇合之所以命我，亦即天之所以命我。由此而可說我之有命，乃我與我之此自命相遭遇，亦我與天之所以命我相遭遇。我之實踐此義所當然之自命，爲我對此自我之回應，同時即亦爲我對天命之回應也。」〔註60〕換言之，「感義之所當然，而有以自命之時，若從此命之爲我之所遇，或天之所以命我者看，即是天命。」〔註61〕那麼，「人之自命與天命，其內容上儘可無不同，然

〔註56〕同上。並參見同書頁 533～534。

〔註57〕《導論篇》，頁 535。其中按語部份參見同書頁 534～535。

〔註58〕參見《原道篇（一）》，頁 119。

〔註59〕同上，頁 121～123。其中有云：「蓋當人之所遇與其昔所期所望全不同時，則人昔之所以自命者，到此即可全失其用；而此新所遇之境，即若直接命其以在此境中之義所當爲。」又「知天命」、「畏天命」、「俟天命」三者之義，可說雖微有別而未嘗不通以爲一，關於此點，可參見《原道篇（一）》，頁 130～132。

〔註60〕《原道篇（一）》，頁 120～121。

〔註61〕同上，頁 121。

在意義上，則又大不同。」〔註62〕既然「自命」與「天命」之意義（兩名義之所以立的分際）大有別異，從反求諸己而守義行義之自命看，是行心之所安而已，但從人生歷程之隨時有不同的遇合，而時有新生之不同的義所當為或天降於我之新義命看，則又是對越在天以受之、俟之、知之，或具體存在地直臨生生不已、日新又新的無窮宇宙界〔註63〕，因而戒慎恐懼或謙卑禮敬之情意生。於此，一旦自覺「行義即奉承天命，以自立其命」〔註64〕，則興發為一超主客的「宇宙情懷」，自然要求敬謹等待天命而事奉之、實踐之。故孔子於行心所安之自命外，兼言敬畏天命、俟天命也。

　　再者，「即自孔子之思想言，人之義固在行道。然當無義以行道時，則承受此道之廢，而知之畏之，仍是義也。若不能承受此道之廢，而欲枉尺直尋，以求行道，或怨天尤人，乃為非義也。此即孔孟思想之翻上一層，而進於墨子之直接非命之說者也。」〔註65〕於此，若要再問何以承受道之不行亦是義？則可說：「人求行道，原為求諸己而自盡其心之事……則人在求行道時，即已知道之或不行，而有此不行之可能……由是而人在求行道時，即當同時準備承擔道之行或不行之二種結果。由是而『用之則行』，固是義之所當然；而當道不得行時，承擔此結果，而『舍之則藏』，亦是義之所當然。」〔註66〕

　　知此，則能了解不僅一切順境皆我行道之助，如橫渠《西銘》所謂「富貴福澤，所以厚吾之生也」，而且連一切艱難困厄之逆境，亦無一不是動心忍性、呼召喚發其道德使命，而「由命見義」、使歷萬難而無悔者，《西銘》所謂「貧賤憂戚，庸玉汝於成也」。是則君子處一切境，皆能「無入而不自得」，「存，吾順事；沒，吾寧也」。此即唐先生所謂：「依孔子之教，人而真欲為君子，欲為志士仁人，則其行義達道之事，與其所遇者，乃全幅是義，全幅是命……人當此際，外境之於我，實無順逆之分，順是順，逆亦是順，斯人無可怨，天無可尤；而一切順逆之境，無論富貴、貧賤、死生、得失、成敗，同所以成人之志、成人之仁；斯見全幅天命，無不堪敬畏。」〔註67〕

〔註62〕同上，頁121。
〔註63〕同上，頁120有云：「人生在世，其遇合時有不同，即其義所當為，亦時有不同。義之範圍至大，凡自然之事而合當然者，皆是義，亦皆可由之以見天命……義何所不存？義何時不新？……」
〔註64〕《生命存在心靈境界（下）》，頁205。
〔註65〕《導論篇》，頁536。
〔註66〕同上，頁536～537。
〔註67〕同上，頁538。

若只就孟子說，孟子有曰：「存其心，養其性，所以事天也。夭壽不貳，修身以俟之，所以立命也。」此中，可說「存心養性而行義達道之事（如純自內出），要在有所爲，以爲立命受命之資；而立命受命之事（如自外而定），則要在覺知受限制規定，而知有所不爲，乃義不他求。人在有所爲時，立命之事，在正面之修身以俟上。人在有所不爲時，則修身之功，見於對一切順逆之境之任受，而使命莫非正上。自孟子之人性論之系統言，則人之心官之大體之『義』，在擴充存養之事上；人耳目之官之小體之欲，欲富欲貴之欲之『義』，則在寡欲有節上。故人於耳目小體富貴之欲，求而不得時，其不得，是即命見義……至於在心官之擴充存養之事上，人之求而必得，其得，是即義而見命。」〔註68〕然不論義有所爲而擴充存養的情形（「正面修身」以培養足能領受、承擔天命之呼召的心靈或性情涵量，而健動地去行義達道，挺立命之所以爲命的意義），或者義有所不爲而寡欲有節的情形（於所遇之事上磨鍊「不枉道求得以違義」的心志，鍛鍊生命情意能安於環境等限制而「任受順逆之境」，以自盡其道、彰顯其心性而不枉桎以死，使命皆成正命）都不離道義之命令的限定（義命），而此義命之興起，不論其機緣先來自於內在或外境或天命，又都不能不經過我們心性的自覺自立或自命，而非只一味順從或無奈被迫，故終究言之，無非「以心性爲本，而攝知命立命之義，於存心養性之教」〔註69〕也。此中，即有一心靈的自由，亦可有一「成仁取義，即所以奉承天命」之宇宙情懷，「自動的奉承天命……以自立其正命」，而超越了受制、無可奈何之感〔註70〕，達到超主觀現實意願與超客觀特殊偶然事境之絕對境界，這就有某一深遠義涵的「盡性立命」之境界在，而「於人德之成就中，同時見天德之流行」〔註71〕矣。《易傳·說卦》曰：「窮理盡性以至於命。」大哉言乎！

若要再問孟子之「立命」與孔子之「知命」何別？則可說：「孔子之知命，在就人當其所遇之際說；而孟子之立命，則就吾人自身先期之修養上說。」〔註72〕、「孟子所進於孔子之言者，則在能言立命之一段工夫，以通貫天命

〔註68〕同上，頁546。
〔註69〕同上，頁547。
〔註70〕參見《生命存在與心靈境界（下）》，頁205。
〔註71〕《生命存在與心靈境界（下）》，頁155。
〔註72〕同上，頁542。

於人之盡心知性之教。」〔註73〕是以，「立命」即平素先期的修養工夫，而貫通於孟子盡心知性知天之教矣。此盡心知性知天的工夫歷程和境界，亦可說即是一「盡性立命」的歷程和境界。

　　我們還可再直從「即性命即天命」，說此「盡性立命」的境界。蓋如前節所論，孟子乃「從人的心靈生命本有仁義禮智的理想或嚮往，而表現於四端之心的流露、顯發、充擴之生生不已的『趨向』以言「性」。那麼，此人之性乃「欲有所嚮往、有所實現」而要求貫徹者，這「即是一自命、自令」，故「性即是命」，亦可說盡性即所以立命也。唯「說性，是自此生的靈覺之所以然處說，說命，是自依此所以然而見之當然說」〔註74〕。而孟子又說心性為「天之所與我者」，「則可由此更進以說此性中之自命，即天之命之貫徹于此性之中，或天之明命之見于吾人內心之明德之中」〔註75〕，故前所謂性之自命自令（或盡性的創生歷程）便可看作即是天之命也。換言之，「自此性之根原於天言，人之有此性，可稱為天性，其依此性而能自命，此自命亦即天命。此自命天命所在，亦即性所在，故中庸曰天命之謂性。」〔註76〕由此觀之，《中庸》所完成的「即性命即天命」之說，孟子之言已涵有其義了〔註77〕，而由此亦可見「盡性立命」即通於「天德流行」也。

　　此天為性之形上根原，然其內涵由思辯或懸想臆測豈能真知之？豈能不流於獨斷或形式？唐先生說：

> 此形上根原之為何物，只能由人依其性而有之自命自令為何物以知之。此人之自命自令之事相續有，而人相續依之以行，人之性即相續現；而人即相續自知其性，亦知性之根原之天。故孟子謂盡心即知性知天……而立此命於我之生命存在之內也。〔註78〕

此無異說盡心或盡性（亦即：充盡「心之生」，或心之求充量的繼續表現而自興起生長）〔註79〕即所以了知作為其根原意義的天之內涵之最直接親切的方法，亦所以使我們的生命存在得以化融於此道德義命或天命之下，而樹立「命」的

〔註73〕同上，頁543。
〔註74〕參見《生命存在與心靈境界（下）》，頁194。
〔註75〕《原道篇（二）》，頁78。
〔註76〕《生命存在與心靈境界（下）》，頁194。
〔註77〕同上，頁195。
〔註78〕同上，頁194。
〔註79〕《原道篇（一）》，頁246。

莊嚴意義，兼成就爲一道德的生命也。或許人於此要問：何以由此心之生的表現（盡性或盡心的歷程），即知其有一根源？此則可由其「向上興起，向前生長，以由卑而高，由小而大」、「擴充升進」，之表現歷程的「不息不已，未嘗見其限極」，而若源源不絕，以知之〔註80〕。唐先生如下一段話可爲精簡的解答：

> 吾人須知此心之生，可表現爲主宰此身之行爲，亦可只表現心之自超越于其已成之自己，而更有所自命之事。當此自命爲一依普遍之道德理想而有之自命時，由此理想之可伸展至無窮，即可見此自命之可開拓至無窮，亦可見得此自命之有一無窮之原泉，如自此原泉而流出，以由隱而顯。爲此自命之泉原者，即天命，而此自命，即爲此天命之所貫注。〔註81〕

蓋生生不已地超越其自己，而日新又新，其道德嚮往或自命崇高無比、遠大無邊，時時在普遍義命的流衍感通中，天機洋溢，是其「用」無窮已、無限際，若由一隱而未見的無盡藏之根原顯發流露，動而愈出，由此溯立其「體」。此恰如《易傳·繫辭上》所云「富有之謂大業，日新之謂盛德」、「無思也、無爲也，寂然不動，感而遂通天下之故」，《大學》所謂「明明德、新民、止於至善」，《中庸》所說「誠者，天之道；誠之者，人之道」也。而最是善譬者莫如此言：

> 此正有如人順水流行，而全身在水，即知此水之寒暖等性，亦知此水有其泉原。水有水性，水有泉原，豈難知哉。人身在水中，寒暖在肌膚，又覺此水相續而至，即知水性，亦知水有泉原矣。且必待出于水之外而至水之始流處，然後能知此水之性，與水之有泉原哉。〔註82〕

總之，依唐先生之詮釋，孟子之「立命」眞善紹孔子之「知命」，而與盡心知性知天之教相貫通，並下啓《中庸》「天命之謂性」之義理。此皆所以成「盡性立命」之境界，而「盡己之性，則可以盡人之性；盡人之性，則可以盡物之性；盡物之性，則可以與天地參矣。」（《中庸》），「萬物皆備於我矣，反身而誠，樂莫大焉。」（《孟子·盡心篇》）、「君子所過者化，所存者神，上下與天地同流。」（同上），斯亦「天德流行」矣！

〔註80〕 參見《原道篇（一）》，頁245、248。
〔註81〕 《原道篇（二）》，頁79。
〔註82〕 《原道篇（一）》，頁246。

第五節　餘論──「性命對揚」的檢討

　　孟子之性命對揚部份（要如《孟子·盡心篇》：「口之味也，目之於色也，耳之於聲也，鼻之於臭也，四肢之於安佚之，性也，有命焉，君子不謂性也。仁之於父子也，義之於君臣也，禮之於賓主也，智之於賢者也，聖人之於天道也，命也，有性焉，君子不謂命也。」）的詮釋，則唐先生未滿於昔賢之詮釋，認爲程朱「於上一命字，以品節限制釋之，而於下一命字，則曰：謂仁義禮智之性，所稟有厚薄清濁，故曰命。此又以人之天生之氣質之性之差別爲命。對同一章之命字，先後異訓，即自不一致。朱子嘗謂氣質之說起於張程，又何能謂孟子已有此說？」〔註83〕（愚按，就氣質之差別言命與就品節限制言命，固不全同，然皆可說是從非人所自定之命運或客觀限制去說，倒不必就說其先後異訓，但「氣質之說起於張程，何能謂孟子已有此說」之批評則頗有理。）故唐先生歷經千思百折，終於創發一意義宏深的新說：「孟子所謂命，不只爲外在之品節限制之意，而兼涵此品節限制之所在，即吾人當然之義之所在，而義之所在即心性之所在，耳目口鼻之欲，受限於外在之命，即受限於義，故非吾人眞性之所在。然人之行天所命之仁義禮智，即所以自盡其心性，故雖爲命，又即爲吾人內在之眞性之所在。」〔註84〕如上節之所述。

　　唯此解，人或可滋生一疑惑而待釐清，蓋驗之唐先生所說：「原我所遇外境中之他人如何，非我所自定……我皆必須有以自盡其道。而此外境中之他人，即如恒在啓示我、規定我，而命我以仁義禮智等，此亦即無異於天之命我仁義禮智等。然我之行仁義禮智等，正所以存養擴充我之性，而非只順從外境或天所啓示之命，故曰：『仁之於父子也，義之於君臣也，禮之於賓主也，智之於賢者也，聖人之於天道也，命也，有性焉。君子不謂命也。』」〔註85〕那麼，既然此等外境之命無異於天命、義命，則到頭來又何異出於自性之自命，何以君子不可謂之命耶？此一疑，我們或可先依唐先生之說，以孟子之「命」原即包涵二層意思，一從由外而來非我所自定之命運而說，一從由此命運所啓示召喚之義命或天命而說，而宣稱「君子不謂命也」之「命」偏向於外在非我所自定之命運一義。但也許有人要追問說，此命經過後一層義之

〔註83〕《原性篇》，頁 39～40。又程朱之解，見《四書集註》〈盡心篇〉該章程子之注解及朱子之案語。
〔註84〕《原性篇》，頁 41。
〔註85〕《導論篇》，頁 547。

轉折後，可說已有了質的變化，不再只是前一層之命的意義了，且毋寧說更凸顯後一層意義，那麼何以必須如此揚棄它，而說「君子不謂命也」呢？但話說回頭，此「不謂命也」亦非必不可說者，不構成唐先生詮釋上的瓦解，因在抑揚的脈絡之間，所以顯揚主體自由自律、盡性立命的精神，而望人超越「無可奈何的命限之感」（前一層意義的命），以正視「性之自命」也；更何況唐先生之解實有宏深的意義，至少亦能離文句而自成一說，且相應孔孟「天道性命打成一片」、「極高明而道中庸」與「知其不可爲而爲之」、「無入而不自得」之精神也。

李瑞全先生曾比較徐（復觀）、牟（宗三）、唐（君毅）三先生對上述性命對揚章的解釋〔註86〕，頗有可採處，然其中以孟子之命只有第一層意義，遂認爲唐先生之解，雖契於孟子該章的旨趣，但語意上則不符孟子「命」字的原初意義〔註87〕，此則有武斷之嫌。蓋唐先生對孟子之「命」的解脫，正是由分析孟子有關「命」字諸文，試圖統貫其義並參照孔子命字的使用意義（如「不知命，無以爲君子也」之「命」，當即同於君子「畏天命」中的「天命」之義）而來，亦承認孔孟之命乃先自外說，只是又不止於此耳〔註88〕。

至於牟先生之解，則文句通曉易明，然偏向前面所謂「義命分立」之說，茲引錄於下，不再說明（可參見李瑞全先生之解說），以供好學深思之士云：

> 口之于味方面皆喜歡美味，目之于色方面皆喜歡美色，耳之于聲音方面皆喜歡悅耳之音，鼻之于臭覺方面皆喜歡香味，四肢之于安佚方面皆無不悅安佚之舒坦以及觸覺之柔滑：凡此皆發自感性（動物性）之本性自然如此，無人得而否認，然而此中得不得卻有命存焉，你不可藉口說是性便可妄求，是故君子于此便不說是性，而重在命之限制。于此方面說是性，這于性之概念並無多大意義，只表示人之動物性自然如此而已。若特重此動物性之意義，則唯一的後果便是助長人之藉口而縱欲敗度而已，是以君子在此重命不重性。（政治上使人皆有飯吃，內無怨女，外無曠夫，當然照顧到人之動物性之性，但亦不是要使你縱欲敗度。）至於說到仁義禮智之義理之性方

〔註86〕李瑞全：《當代新儒學之哲學開拓》（〈孟子「性命對揚」章釋義〉），頁129～145。
〔註87〕參見李瑞全前引書，頁144。
〔註88〕參見《導論篇》，頁535～536、545。

面，則仁之于父子方面之表現，義之于君臣方面之表現，禮之于賓主方面之表現，智之在賢者身上之表現，聖人之在天道方面之體證：凡此等等皆有命限存焉，並非一往無阻皆能是全盡而無憾者。此固然也，但此中卻有性存焉，意即此等方面之事皆原是性分中所應當盡之事，你不可藉口說有命存焉，你便可不盡性分之所應當爲去力求盡之而無憾。是以君子在此方面不重在命（不謂命也），而重在說性之不容已。〔註89〕

〔註89〕《圓善論》，頁 151。

第七章　結論與明志，兼述唐先生之論孟子政教精神

第一節　唐先生論孟子政教精神

　　唐先生詮釋孟子言政與教化精神一面，著墨遠不及心性命一面之多，但這並不表示唐先生輕忽孟子之外王關懷，亦不意味其對孟子此面之詮釋無什可觀。其所以著墨不多，蓋一方由於其初以爲孟學之核心在於言心性〔註1〕，王道仁政可說是性善論之必然的引申〔註2〕，此中有本末先後之別，若心性義命明，則王道霸道之分亦自可明；另一方則蓋由於他人論述孟子言政一面已至多，其無意重覆〔註3〕，故其後來雖將孟學核心在心性論的觀點，與歷代其他孟學精神尊貴所在之不同的主張，辯證地統合於「興起人之心志以立人」之核心精神，以致孟子之言外王，乃與言內聖皆同成此一核心精神之遍注流貫，份量均重非輕（雖依然有本末先後之別可說）〔註4〕，但其仍只就「使人向上興起其心志」〔註5〕此一前人所未盛發的義旨，以闡釋孟子言政與教化的精神。

〔註1〕參見本論文第三章第一節正文〔註5〕處所引唐先生語，出自《原道篇（一）》，頁214。

〔註2〕參見本論文第五章第二節正文〔註22〕處所引唐先生語，（出自《導論篇》，頁102）以及我們的解說。

〔註3〕參見《原道篇（一）》，頁255。

〔註4〕參見本論文第三章第一節裡，對正文〔註5〕處所引唐先生語的解說。

〔註5〕《原道篇（一）》，頁255。

　　唐先生一生，可謂爲儒學在現代如何開創外王，以貫通內聖與外王，做了極大的努力和貢獻，是則絕無輕忽孟子外王關懷之事理。如其論孟子言辯態度，即已跨越到孟子力挽狂瀾之外王關懷一面（參見本論文第四章）。又其稍早之大著《文化意識與道德性》，即自覺是「擴充孟子之人性善論，以成文化本原之性善論，擴充康德之人之道德生活之自決論，以成文化生活中之自決論」〔註6〕，而注重說明「人在自覺上只是實現一文化理想時，亦有不自覺或超自覺之道德理性之表現。人之一切文化生活，在一意義下皆可爲道德生活之內容。於是道德生活即內在於人之一切文化生活中」〔註7〕；是則將孟學之外王領域，推擴到了極限。其晚年定論的《生命存在與心靈境界》，更即「性」之「心」（心靈）與「生」（生命）兩面之整體的各種表現形式，系統絜矩地綜攝爲心靈九境，並專論儒家天德流行境（盡性立命境）之通達餘境，故雖不以爲道德自我本身或道理性的分殊表現即能全盡整體生命心靈之所有義涵，但仍是「以道德的理想爲歸宗而顯示『學在成德』」〔註8〕。然此等全面的綜合系統，宜算是孟學之進一步的發展，尤其是外王一面的發展，不盡是對孟學本身的闡釋。

　　只就孟學本身而論，則唐先生對照於墨子言兼愛、利天下之不離愛人利人的事功之義教（「以義說仁」）〔註9〕，而說：「孟子……能直接上人之此（異於禽獸的仁義）心性，以立言施教；而更嚴辨義利之分，以使人之心志直向上興起，見義而不見利。故孟子謂『我非堯舜之道，不敢陳於王前。』此方眞正尊重人、尊重學者之教。」〔註10〕又說：「存孟子始終把穩住『人之仁義之心之有其端始本原之表現，而由存養擴充，可至無窮無盡』之一義。故此孟子之道，在本質上爲一由本而末，由內而外，亦由末反本，攝外于內之一道。」〔註11〕依此晚年定論的《原道篇（一）》之見，則雖可說唐先生最後以孟子之"論述"內聖與外王均具重要份量，均在興發人之成聖或成王的心志，但仍以孟學可有本末先後之別可說，內聖爲本、爲先，外王爲末、爲後，不以外在表現的利人事功爲道義之最後標準，而只「以義輔仁」，歸到仁教，

〔註6〕　《唐君毅全集》，卷二十，《文化意識與道德理性》，頁17。
〔註7〕　同上，頁14。
〔註8〕　參見本論文第二章第一節第一段。
〔註9〕　參見《原道篇（一）》，頁232、223、160〜170。
〔註10〕　《原道篇（一）》，頁232。
〔註11〕　同上，頁224。

以此為儒墨之根本差別，亦墨子之教之理境遠不及孔孟儒家處〔註12〕。此本內聖而攝外王之一貫之道，為儒學共通之義，離此則難說是儒家本色，唯如何攝外王於內聖以及相應的外王之定義，則說法或有異而已。在孟子，可說內聖直接貫透外王，而論述王道仁政及教養豪傑學者之興起等外王而亦直接返於內聖面。唐先生所謂「孟子言政之精神，亦不外此使人向上興起其心志之義」〔註13〕，此義實亦即由外返歸到人的心志之內一面，再由內之興起以求擴達於外，冀得遂成己成人之王者或聖賢豪傑，如唐先生所說：「更觀孟子之貴民，亦正處處重在興民……為政則重在以天下為己任者，自興起于草野之中，更升舉于上位，以為民望。」〔註14〕也。

　　於孟子王霸之辨，唐先生先直依孟子所明言者，而說：「王者乃以德服人，而霸者則以力服人。王者之于仁義，如『堯舜，性之也』，霸者之于仁義，則『假』之。」〔註15〕繼而根據《孟子・盡心篇》「王者之民，皞皞如也；殺之而不怨，利之而不庸。民日遷善而不知為之者」及《孟子・滕文公篇》「飽食煖衣，逸居而無教，則近於禽獸」，以闡釋說：「有善教而民日遷善，則人皆可自成其德，無善教則只有政而已。則王霸之分，有教無教之分也。」、「王者之政，固亦必有教，以使人遠于禽獸也。」遂批駁或以孟子言王政唯在保民、衣食足之說者〔註16〕。但唐先生又據孟子「霸者之民，驩虞如也」（〈盡心篇〉），其中亦有一生命之歡欣鼓舞，以言「無論王政霸政，皆能使人民有一心志之興起」。唯以其質或真實的程度頗有異，霸者只是「借用仁義」以鼓舞人之心志，乃「視仁義為外，而效其行，非其心志之自悅仁義，而由仁義行」，故「亦不能真使人民自悅仁義，而自興起其心志」，王道則「依于王者之先實有一自悅于仁義，而由仁義行之心志之自興起，更本之以興起人民之心志」也〔註17〕。於是，唐先生指出孟子言王道之宗旨說：

〔註12〕同註9。

〔註13〕同註5。

〔註14〕重見於本論文第三章第一節正文〔註5〕處所引唐先生語，出自《原道篇（一）》，頁214。

〔註15〕《原道篇（一）》，頁255。此處乃依《孟子・公孫丑篇》第三章孟子所云：「以力假仁者霸；霸，必有國大。以德行仁者王；王，不待大，湯以七十里，文王以百里。以力服人者，非心服也；力不贍也。以德服人者，中心悅而誠服也，如七十子之服孔子也。」

〔註16〕參見《原道篇（一）》，頁255。

〔註17〕同上，頁255～256。

由王者自身之生命中，心志之由仁義行而興起，而以仁義之政興民，使「沛然德教，溢乎四海」（離婁），正孟子言王道之宗旨所在也。此亦猶孟子之教學者之為聖賢，亦必以自興起其心志，由仁義行為本也。〔註18〕

又唐先生特指出由孟子教小國之君（滕文公）之深摯，更可見出孟子言王道之要旨，蓋「湯之七十里，文王之百里，皆可以為平治天下之據，則滕小國亦未嘗不可法堯舜湯文。人之異于禽獸者，初只幾希之微，擴而充之，則萬物皆備于我，故小可大，而卑可升至于高。學者之道如是，政治之道亦如是也。」〔註19〕此最顯「興起人之心志，以自下升高，而向上植立」之義旨也。為君者之道如是，為民者亦如是，人皆原有向善之心，則王者必為人民所歸往，「孟子心中之人民，皆時時待王者之興起，而亦能自興起之人民也……而唯人民之心悅而歸往之，安于其所為之政事，能使王者得為王者也……安悅之而歸往歸心之政，政之至也。霸者之民，驩虞如也，固不如王者之民之皞皞如也。皞皞者，驩虞之充滿，朱註所謂『廣大自得』，天下大悅之謂也。若非驩虞之極，天下大悅而安之，又焉能『殺之而不怨，利之而不庸』哉？」〔註20〕故唐先生歸結孟子言政治之理想，乃「與民同樂，而至于天下安悅之政；亦猶其言君子之學，由悅歸于樂，而論君子之必有三樂也。」〔註21〕是即恢廣宏擴，安悅自得，而相與於天下以共樂善也。

由此孟子言政精神之領會，唐先生進而針對教導學者之教化面向以闡發說：「孟子之教學者亦必以其生命中之心志之興起，而嚮往于古往今來之王者，與聖賢為歸。聖賢與王者皆『奮乎百世之上，百世之下，聞者莫不興起者也』。」〔註22〕是則凡民或學者若能興起，亦自非凡民，而成「嚮慕彼百世之上之聖賢與王者之豪傑矣」〔註23〕。依此，孟子教化的特出精神，可謂先求人內在善性之振奮興發以向上躍起之豪傑精神，欲鼓舞人由仁義行而勇於自任、自命，各盡其社會責任，而精進於聖賢王者也。唐先生更依此精神，而闡釋孟子所謂的「天吏」、「天民」：

〔註18〕《原道篇（一）》，頁256。
〔註19〕同上，頁257。
〔註20〕同上，頁257～258。
〔註21〕同上，頁258。
〔註22〕同上。
〔註23〕參見《原道篇（一）》，頁258。

君爲天吏，則不只爲一國之君；民爲天民，亦非一國之民；而皆是
能獨立于天地間，以自興起，而爲先覺或後覺之民，即皆是天民。
堯舜伊尹與古之聖賢，皆天民之爲先覺或後覺，而忽然興起，以兼
爲天吏者也。民皆爲天民，而能爲先覺、爲後覺，爲王者、爲聖賢、
而爲天吏，故民貴。民貴即天民貴，天民貴，則以人原自貴。自貴
者何？則因其心性之善，亦原能自興起其心志，而「人皆可以爲堯
舜」之故也。〔註24〕

此論已非徒事分析，而若有「詩之興」風頌動人之味。「天與之，人與之」之
君，而爲「仁而無敵於天下者」之「天吏」〔註25〕，天所生之民，而自覺爲
普天之下、頂天立地之「天民」；則爲吏也好，爲民也罷，職業或許分途，然
都是天地間堂堂正正的一個人，其心靈涵量皆同趨向於無窮宇宙，若先覺後
覺之興起而相繼。在此，即遠遠超越「人爵」之等，而皆爲本其「貴於己者」
之「天爵」或「善性」，以興起、生發、擴充，創健不息，「命日降而性日生」，
直向堯舜般之聖賢王者之境邁進無已，而成就盛德大業也。

就職業之分途以觀，孟子有所謂「勞心者」（如士人或爲政者）與「勞力
者」（如農工商）之分〔註26〕，而前者亦初自後者出。唐先生曾據孟子所說「舜
發于畎畝之中，傳說舉于版築之間，膠鬲舉于魚鹽之中，管夷吾舉于士，孫
叔敖舉于海，百里奚舉于市。」（〈告子篇下〉）及《論語》「禹稷躬稼而有天
下」（〈憲問篇〉）以言及此意〔註27〕，則勞心者與勞力者非階級壁壘對立之關
係。今人或據孟子「勞心者治人，勞力者治于人」（〈滕文公篇上〉）之言，以
爲此乃勞心階級統治勞力者，唐先生駁之而爲孟子辯誣道：

治之字原，乃爲治水之治。治水者須順導水使能流暢，治民者須順
導人民之生命，使能流暢，非今所謂統治之治也。孟子固已言勞心
者由勞力者而出矣。勞力者更自興起其心志，即得舉而成爲政者，
以勞心爲事。豈階級統治之論哉？〔註28〕

既是順導而流暢之，則是爲幫助人民完成生命，兼成就社會之和諧秩序與文

〔註24〕《原道篇（一）》，頁258～259。
〔註25〕參見《孟子·萬章篇》第五章及《孟子·公孫丑篇》第五章，或《原道篇（一）》，
頁257、258。
〔註26〕參見《孟子·滕文公篇》第四章、《原道篇（一）》，頁259。
〔註27〕參見《原道篇（一）》，頁259。
〔註28〕《原道篇（一）》，頁259。

化發展之暢通，不只保民，更在善教民，而非為階級利益或一己之權力欲望，以遂行支配統治也。況且，勞力者可成勞心者，其間並無固定不變、壁壘分明的階級關係。只不過，「必其人之先自興起其心志，以自為賢者」，而後得為君上所舉以為勞心之為政者，或自舉以為王者，如此則強調人之不待他人而自我興起其心志也〔註29〕。

　　再就此中興起心志之義言之，則唐先生更超越各別時空中個人主觀的意義，而論其在整體人類之精神奮發歷史中的客觀意義，尤其是前後呼應、縱貫相繼以不亡的意義。唐先生說道：

> 古今聖賢與王者往矣，然其人之心志奮乎百世之上，以自興起，後人得聞其風而亦自興起，則雖往而未往也……而時間之今古，不足成限隔；地之相距，亦不足成限隔。故「舜、東夷之人也；文王、西夷之人也。地之相去也，千有餘里；世之相後也，千有餘歲，得志行乎中國，若合符節」。聖賢之道，正由異時異地之人之聞風興起，而得通此百世千歲之久，與千里萬里之遙也……見而知之者，自奮乎百世之上之先覺，而獨自興起者也。聞而知之者，百世之下，聞風興起之後覺也。見知與聞知，先覺與後覺不同，其皆有以自興起其心志則同。〔註30〕

聞知之後覺者，當其感染前人之風範，而有所覺以自興起其心志時，此覺、興即宛若「回應」異時或異地之前人的「呼召」以昇起。此昇發興起，其理同也、其心同也，既在今來興起其心志之人的主觀生命和個別事業中，亦在古往奮發其心志之先賢先王的生命事業中，所謂「得志行乎中國，若合符節」，則有超時代、超眼前世界而通貫上下古今的客觀意義。此中，古往者之現實的生命事業，雖已過往而不能為今來者所親見，然其風範流傳後世、遺愛人間，而再現於後來興起者中，存在於後繼者之紹承續繼和創發擴展以生長中，故看似過往矣，而實未真逝亡消滅也。於此申論之，其消亡與否，可謂繫於有無後繼者之善述；有之則俱存，無之則俱亡〔註31〕。但更推進一步說，此亡亦可只是「暫亡」而非「恆亡」，因為即使尚無善述之後繼者，亦不能斷言

〔註29〕同註27。

〔註30〕《原道篇（一）》，頁259～260。

〔註31〕此來者往者之相依以「死而不亡」的深義，可參見《原性篇》頁513～514，對船山「死而不亡」之義的詮釋。

永遠如此。有無善繼者，其答案永遠保持開放，我們最多只能辨知現在以前其在現實上之有無，而無法斷定未來，無法依現在之無而限定其未來之不可能有，即使地球一朝毀滅了，也仍是一樣。回到切近處說，當下一念之興發覺起，則可隨時旋乾轉坤，由無而立變成有，由幾微而趨向於充實，而心志於為實現，性命亦漸生長而完成。故唐先生云：「興起心志者，人之所以自拔于禽獸，以使人自免于為小人，以成大人或聖賢之必由之道也。人之生命心靈，即恒以自興起而生長，以為其性者也。」〔註32〕又《易・繫辭》亦謂「繼之者善也，成之者性也。」此當下心志之興起，乃一決於己，豈他人或外在世界所能限定哉？唐先生歸言曰：

> 當孔子之有此嘆之時，固已忘其已超乎君子而為聖，而唯自興起于此嘆之中。孟子生于孔子歿後百有餘歲，更嘆未有「見而知之、或聞而知之者」。孟子亦自忘其自為一能有見知與聞知者，而亦唯自興起于此一嘆之中。則吾人生于孔孟之千百之世之後，安能不求會于此孟子所言興起心志之道，以自興起乎哉。〔註33〕

此如詩之起興，風頌以動人，而欲興起吾人當下心志以成聖成王之深意，寄寓於其中矣。唐先生詮釋孟子外王學之精彩處，即在此等能夠超越思辯而引向道德實踐活動，之情意感染的力量，是則切應孟子根本精神而即文以體現之，亦孟學之善繼真傳也。

第二節　唐先生孟子詮釋的特色和貢獻，附及我們的創獲

作結論前，我們且先概括諸先哲心性工夫、知天立命之學，以為背景。

孔孟荀而後，先秦儒家晚期之《中庸》、《易傳》，皆為「體承孟子思想之流，而更上達於天地萬物與人物之原以為論」，《禮記》他篇之論禮樂德性，「蓋大皆七十二子之後學……上承孔孟荀之學，更尊其所聞，加引繹貫通之述作，意在守先待後以立教，亦非意在佐治於當時者」。然秦漢之時，學者言性的方向，「漸趨向於為成就客觀政教之目的而言性，而不同於先秦學者之多為成就人之德性生活、文化生活、精神生活而言性」，換言之，由於偏向學術的政教

〔註32〕《原道篇（一）》，頁260。
〔註33〕同上，頁261。

功能，而客觀的論述道術對當時代的效用價值，於是「人性漸化爲一所論之客觀對象」，「漸成一獨立之論題」。此等客觀論述人性的態度，《呂覽》、《淮南》實開其端，其言人性乃「承道家之傳，重在以生言性，而言尊生、貴生、養生、全性」，與儒家第一義在重「心」者有異〔註34〕。

漢代思想代表人物董仲舒，雖亦重心，然未嘗即心言性，而謂如以性爲已善，則「幾乎無教」，而「不順於爲政之道」，多說明性與政教之關係。他主張「性之名，非生歟？如其生之自然之資謂之性」，乃「既本性之名之定義，以辨性之非善；又就人性與陰陽之關係，以分解一整全之人性，爲兼具陽善陰惡之性情二者」，可見其大抵仍是承襲告子、荀子言性的進路，以個體天生的自然材質或生長方向爲性〔註35〕，乃「順氣而言」，非「逆氣而就理言」〔註36〕，而成善成德之事乃在性之外也〔註37〕。雖亦「尊心而禁性，將性上提於外在之教化」〔註38〕，但以義爲外襲，未能透到價值根原之眞實建立，而德性工夫未能徹矣，是其理解孟子實有間。此路漢末王充發展成「用氣爲性，性成命定」之「材質主義的命定主義」〔註39〕，更無上拔之志，「無向上開闢之希求，未自覺心之地位與作用」，道德理想主義淪落〔註40〕。他已能就全幅氣性領域而立言，然未能由此之窮盡以逼出德性領域，則實尚未盡氣性領域之蘊也〔註41〕。

由王充氣性領域之察考，進而深察業識，反轉一步，逼出道德理想，醒覺自作主宰的內在德性生命，則在此「道德宗教意識之籠罩下，在仁心悲情之照臨下，實然之氣性或自然生命之強度皆是定而不定者，雖定亦只是生物學的定，生物學的先天，而並無理性上的必然，亦非理性上的先天」；宋明理學之「氣質之性」，即是在此種德性生命或所謂「天地之性」、「義理之性」的照臨下，將氣性、才性或質性收斂而得，而強調「變化氣質」〔註42〕。如是以理帥氣，「義理之性」即落實於「氣質之性」，終至拈出「理氣不二」。此即承接了孟子盡心養氣、知性立命的精神而發揚之，並更正視人欲罪惡的一面

〔註34〕 以上參見《原性篇》，頁107～109。
〔註35〕 參見《圓善論》頁5，《才性與玄理》頁2等，以及《原性篇》頁35。
〔註36〕 參見《才性與玄理》，頁1。
〔註37〕 《原性篇》，頁125。
〔註38〕 《才性與玄理》，頁40。
〔註39〕 參見《才性與玄理》，頁35。
〔註40〕 同上，頁40。
〔註41〕 同上。
〔註42〕 同上，頁41。

而對治之，是則高於漢代董、王遠矣。

　　理學家中，濂溪光風霽月，「主靜以立人極」(《太極圖說》)，援易庸以合孔孟，開宋代道德形上學之風。橫渠踐禮而氣象磅礴，「天地之塞吾其體，天地之帥吾其性」，大其心量，精義入神，「由氣之虛而能體萬物處言性」〔註43〕，由易庸而綜契孟子「善養吾浩然之氣」、「上下與天地同流」之高致。明道高明醇厚，徹上徹下，主識仁為先，然後誠敬存之，內外一如，跡本圓融，渾然一體，渣子化盡而性定，通生之道（創造原理）與神氣（感應之變化無方而妙用莫測，流行不已）而言性，是成善之相繼不已的流行也〔註44〕。程朱主收斂身心之敬，先涵養靜斂，使情識雜染不易生發，而保心之清明，令心常展現其虛靈明覺之性，以知理見性，並常反省察識、格物窮理，進而使心循理合道，終成與理渾一不二之道心；是則防氣稟攪擾、對治人欲之意重，而不敢太憑恃於人之心，不直主「心即理」，而只主張「性即理」，則孟子本心直感直應、好善惡惡、擴而充之之創生不已、源源不絕的動態義或稍減殺。象山最近孟子「立其大本而後操存勿失」之簡易直截的工夫，盛發「此心同也，此理同也」之「心即性即理」之義，而「發明本心」、頂天立地，興發人之心志以遠於禽獸也。陽明契接象山而體孟子，直悟「知善知惡、好善惡惡」的「良知」，以為造化之精靈、宇宙人生之本體，將天道收於心性，再將心性本體收於良知，所謂「心無本體，以良知為體」。也將心學作精微縝密之分疏以教人，倡「知行合一」、「致吾心良知之天理於事事物物，使事事物物皆得其理」，則良知浩然、健動，「為善去惡」，挺立道德主體，開闢價值創造之門，使理想於為創進地落實具體生活之中。蕺山主誠意，以意為「心之體」、「良知之心之主宰」，並「由此意之於善必好、於惡必惡、恆定向乎善，以言性之至善及其為物之不貳」，此「獨體」或「有意為存主之心」，乃「為常存者，亦常發；為主宰者，亦時在流行中」，而生生不息〔註45〕。梨洲、船山以降，更由明儒之「通天地萬物為一之心」，「再自超拔之，以觀客觀之天地之化、古今之變」；則「如儒學之自其心學之流中，更自放出此心，以曠觀世界；乃皆善言治道，以成就禮樂文化之事業，以為萬世開太平、為生民立命」〔註46〕。其中船山格局特大，由尊人類生命與歷史文化之相續不

〔註43〕　《原性篇》，頁 511。
〔註44〕　參見《原性篇》，頁 356～363。
〔註45〕　蕺山部份，見《原性篇》，頁 494、495。
〔註46〕　參見《原性篇》，頁 525、502。

斷，以尊氣質、尊生、尊情才及其所化成之人文，可謂由心性之高明精微而更還求於「致廣大」〔註47〕；此乃「更重本一客觀的觀點，以觀『道或理之繼續的表現流行於氣中之種種涵養』」，遠本於易教而近承橫渠以更進〔註48〕。其論性，突創「命日降而性日生」之說，不只「自萬物之同源共本」上說性，更「策在人物之氣之流行本身上，說其隨流行以日生」，而「此天命與氣及性，皆同在一相繼的表現流行，或創造之歷程中」也〔註49〕。

唐先生承接宋明理學家之精神，同仰於孔孟而歸宗之。在其孟子詮釋中，我們可歸結出下面幾個特色和連帶的貢獻，也或附及我們的創獲。

（一）心與工夫方面：很成功地凸顯出孟子強調心之直感直應與直繼之以操存擴充的簡截精神；此乃以正面的「興發人之心志以立人」為核心，初不待於反省不合理者而後見。由此，唐先生自覺地認為象山最接近於孟子，而略有不足於陽明特重「是非之心」之一端者；並且以為程朱重省察人心欲望夾雜之一面，固有補於孟子，然乃側重去反面之不善的工夫，更近於《大學》之「毋自欺」以去意之不誠而存誠的工夫，以及近於《中庸》在善與惡、過與不及對照間擇善擇中庸、隱惡揚善，而固執善、惟恐陷於過不及或小人般無忌憚，之「慎獨」、「致曲有誠」的工夫〔註50〕。在此，可以說唐先生由「本哲學以言哲學史」的方式，在先秦儒學一脈相承而大同之肯定下，分辨出了孟學與學、庸之異處，以及由此帶出陸王心學與程朱理學之一差異，甚至同是心學之陸王間的某種差異。但唐先生之詮釋，又同時能讓學庸與孟學、程朱與陸王，不失其各有特長與作用，得相輔相成，以「相應成和，而共一聖教之流行」〔註51〕也。再比較地說，唐先生所見的孟學主要工夫，大致介於牟宗三先生「逆覺體證」及「頓悟朗現以大定」的工夫境界之間而可相容，惟「逆覺體證」所取名義，回頭內觀以自覺自證之意較濃，「頓悟朗現以大定」則較突顯形而上的本體之普遍全幅意義的頓然覺悟朗現，而唐說則較著重本體流露化融於一一具體之事而放平，並順之平平實實勉力勿忘（不放失）以繼續充盡的歷程，頗近於明道與象山，且有所承於橫渠「繼善成性」和船山「命日降，性日生日成」的精神，因之亦通於易教也。另外，我們也勉力把

〔註47〕 同上，頁525。
〔註48〕 同上，頁511。
〔註49〕 同上。
〔註50〕 可再直接參見《導論篇》，頁147～148、151。
〔註51〕 《原性篇》，頁510。

所涉及的德性工夫形態和境界，歸納成數個約略從淺近到高遠、由人爲力勉至神妙自然的層次，並試圖貫串起來，而連於孟子所說由善信而美大至聖神的成德歷程。

（二）性方面：釐清了中國先哲論人性的原始方向或基本觀點，破除將人性外在客觀化、固限化的思維模式，而直接面對生命心靈本身之寂感與創生以論人性。換言之，唐先生創造性地抉發出中國先哲乃「即心靈（心）與生命（生）之一整體以言人性」。而孟子前，大抵「以生言性」，亦即就「具體生命生長變化發展之所向以言性」，自可著重從「自然生命之欲」以說人性，然孟子卻特重「性」之心靈（内在價值性、道德理想性）一面，而「即心言性」，以代替其前之「以生言性」。唐先生於此依「即哲學史以言哲學」的方式，由「心能統攝生」以論述孟子何以如此改易的定然理由，分別從心對自然生命之涵蓋、順承、踐履、超越四個意義面向說明之，而可謂仍把握住心對欲的義命之鑰，融價值層次、存在力量、字義訓詁及概念發展於一爐，成就頗爲獨到的詮釋。尤具啓發意義者，乃由「心之生」以闡釋孟子之「性」，亦即就感應現起的四端之心之「生發、續長而趨向於其擴充」以言之，而「繼善成性」、生生不息。此遙承於易教，契接明道「通生之道與神氣而言性」、象山「發明本心」、蕺山「常存常發、即主宰即流行而生生不息」之路數，尤其應和了船山「命日降而性日生」之說；不過，唐先生更有意地爲同時符應「性」之字源上的哲學義涵，以辯證地統合心與生，而作是說，且可謂將孟子心性之創生發明的義涵凸顯到了極至，而興發吾人類同於聖、日新又新以止于至善的心志也。

（三）命方面：獨創性地揭發孟子（孔子亦然）之「命」，除了起初先從由外而來非我所能自定之命運限制而說外，更兼從此命運限制所啓示召喚之義命或天命而說，且唯後者才是孔孟所強調的命之眞義。換言之，非直就外境中順逆之事實本身說其爲命，而是就吾人所處之任何環境中的順逆事實，皆可啓示吾人一義所當爲（包含義所不當爲），而見客觀之天於人有所命說。斯見天命無往不在而此命無不正。然此命又非只是客觀的，而同時必經過吾人心性之主觀的應和與自立自命，故不論是「即命見義」（小體之求而不得時）或「即義見命」（大體之求而必得），皆見即外命即天命即自命。既是自命，則能反見自己眞正的本性所在，亦能見此一切命即所以存養擴充我之性而自得自在，是則君子處一切境，皆能「無入而不自得焉」。是以終究無非「以心

性為本，而攝知命立命之義，於存心養性之教」。於是命與心性緊切地關連起來，心性並經由命而透入宇宙界，呈顯天道的意義。唐先生即由此等理境，建立了其心靈九境中自己最嚮往、認為最圓融的「天德流行境」或「盡性立命境」，並論此境之通達其餘境界，將儒學的理境推向了另一個高峰，奠定儒學在人類文明史上屹立不搖、燦然無比的地位。

（四）王霸或政教方面：辨明王道不只在保民，更在善教民，先實有仁義於己，然後以仁義之政興民，使人民自悅仁義，而自興起其心志，將內在善性發展擴充，勇於自任、自命，各盡其責，共樂其道，而精進於聖賢王者。由此，唐先生強調孟子此外王面「亦不外使人向上興起其心志之義」，而通貫於其對孟子內聖學的詮釋，並揭示此中興起心志之超各別時空、個人主觀而具整體人類之精神奮發史中前後呼應、縱貫相繼以不亡的客觀意義。凡此，皆即文切應孟子之風神，如詩之起興般，風頌以動人，發揮情意感染的力量，超越分析和思辯，以引向道德實踐活動。此外，唐先生據「治」之字源乃「治水」之治而非「統治」之治，及孟子已言勞心者由勞力者而出之義，以辨「勞心者治人」之說乃要在順導人民之生命而流暢之，非階級統治之論，亦可破除今人對孟子之一誤解也。

（五）表達與思維方面：以孟子或言辯或默行，取諸時中及仁心之不容已，對比莊子止辯忘言而揭發了孟子論辯之道的合理基礎，闡明其論辯的典型，歸到莊子辯破忘言之教雖對心病偏執太甚者為不可廢，然孟子捨我其誰、力辯以立人之道德擔當，乃更有其不離日用常行之極高明而道中庸的順成勝義，亦要在使人明心知理而興發性情以自得自立也。又凸出了孟子言性說道方式的諸特色，尤以「先嚴辨人與禽獸異類，以突顯人道，而強調內在的端始本原」一特色為最。也先後側重從靜態面和動態面，分辨得孟子人禽異類和聖人與我同類的意義之與西方知識傳統下的類概念間的差異，而闡明了其中所突顯的人之「類」的獨特價值與意義，以及創造性地詮釋了我與聖人同類之「類」的「存有」與「歷程」意義——由內在本有道德趨向和動力，及其發展擴充以使人漸同於聖人之歷程上，說我與聖人同類。如此，可說一以嚴辨人禽以顯人格尊嚴和警惕淪為禽獸，一以操存、充盡本性四端即可類同於聖以鼓舞人之嚮往，而皆可謂歸於唐先生所云「興起人之心志以立人」也。承此唐先生之辨類，我們還作進一步的辯證反省和分析，闡述孟子論類的精確意義當是泛說「具體存在的整個生命人格」，乃以「本心之創生不息」為核

心義涵而立體地縱貫上下、統攝形身；並指出孟子雖讚嘆孔聖人之出類拔萃、夐異古今，然孟子並不說「此聖凡之相異即在於其類不同」，而仍說「聖人之於民，亦類也。」可見孟子之論類，含藏著對人的絕對同情，但同時又無礙其提振興發人們的超越嚮往或實踐努力，由此烘托出背後的道德涵量和精神深度。如是，透入孟子最精微根柢的思維方式或心靈向度：一種守先待後、對一切人永不絕望的無限溫情和敬意，亦即出乎高卓而恢宏的道德宗教境界而超越地肯定和堅持人性本善，既謙遜博大又弘毅崇高。在此意義下，其他性善的論證，都只是提供現象界裡道德心靈的事實例證或符徵，作為人性本善的理論性說明，輔以增強人們的信念，提振人們成聖成賢的心志罷了。

　　（六）整體之道或整體精神方面：歸納出歷代推尊孟學的三大不同面相——一如趙歧從孟子長於詩書、羽翼五經之經學觀點著眼，二如宋明儒從孟子言性善言本心著眼，三從孟子強調民貴之政治義理著眼，如明末清初之大儒黃宗羲等以及清末主張變法革命者和民國至今一切反專制極權之思想——而統貫此中國歷代孟學三大變化發展，歸到其所契悟的孟學之整體核心精神——「興起一切人之心志，以自下升高，而向上植立之道」——直契接象山對孟子精神的領會，進而條貫孟子之言以證實和系統化之，達到一空前的統合貫通。今印之以前述諸方面研究所得的理解，亦皆可與此核心精神相符應也。

　　總之，唐先生之詮釋孟子，無論在「心」、「性」、「命」等重要義理概念方面，或者成德工夫、立人之道、政教精神方面，甚至「聖人與我同類」中之「類」一概念以及論辯之道等，皆有其別出心裁之創新肯綮而高明深刻的見解與說法，且大致整體融貫、饒富啟示和感發，更迭造空前的高峰成就。然此實亦歷發展曲折而日新又新，終水到渠成也，非徒恃其天才而已。其中或略有扞格未圓之疑慮處，我們亦已代其排難解紛、闡幽發微，以圓融其說，或進而引申、發展其義，自謂亦另有創獲矣，凡此，讀者可尋而得之以自辨其是非也。

第三節　借詩以明志
——品析先賢三首詩詞以表三層境界而契於唐先生之孤懷

　　我們已系統地探討了唐君毅先生對孟子之學的詮釋，一路走來，有艱辛有喜樂。但就如文中所表明的，一切順逆之境皆有其正面的意義，只要順受

其正命,則萬般皆變得當下即是。是的,只有沉穩地走,只須踏實地做,莫管能否風雲變色,不必擔憂船過無痕,泥上偶然留鴻爪,便是天地之間一美事,湖心曾經漾漣漪,就也對得起滿山懷抱。聽,先哲仍在呼喚!看,世間依然沉淪!這顆心還將破空而出,創生不息,這生命也須行義歸默,死而後已。心生爲性,知言養氣,盡心以成性也。

李白〈月下獨酌〉詩云:

> 花間一壺酒,獨酌無相親。舉杯邀明月,對影成三人。
>
> 月既不解飲,影徒隨我身。暫伴月將影,行樂須及春。
>
> 我歌月徘徊,我舞影零亂。醒時同交歡,醉後各分散。
>
> 永結無情遊,相期邈雲漢。

此虛實迭唱,情眞景幻,時而花團攢簇、群鶯亂飛,物我交映,浪漫無限,時而落英紛散、萬籟俱寂,物渺人杳,河漢冷冷。雖以其天才英雄之堅強生命力衝決而出,直棄孤獨寂寞於不顧,攀向造化之源探問,冥思無情之遊以解苦,卻仍難掩孤獨之憾、蒼茫之悲矣。想想,還是底下這一闋船山的〈玉連環〉詞,要來得更逍遙自在一些:

> 生緣何在?被無情造化推移萬態,縱儘力難與分殊,更有何閒心爲之睞睞?百計思量,且交付天風吹籟,到鴻溝割後、楚漢局終,誰爲疆界?
>
> 長空一絲煙靄,任翩翩蜨翅冷冷花外,笑萬歲頃刻成虛,將鳩鶯鯤鵬隨機支配。回首江南,相爛漫春光如海,向人間到處逍遙,滄桑不改。

啊!人何其有幸會反問自己生命的意義,探尋宇宙存在變化的奧秘,而活得尊嚴、清醒,但又何其不幸因此而有命運無奈、尋解不得的煩惱。千思萬想,還是姑且把它忘了,隨著天邊自由來去的風兒,掃落執著障礙,瀟灑地與萬物和融一氣、無分彼此,共譜大自然的美妙樂章。隨任白雲舒卷、蝴蝶翩舞,互不相妨,各適其性,然大小豈得眞逍遙,忘情始能付一笑,未達忘而無待,怎免其悲?驀然回首,不期無心之間乍見萬物融融,一片春光洋溢,不必山林,處處爛漫,即人間而逍遙自在,縱歷滄桑亦不改易斯情致也。此虛靈曠遠、天地精魂遊漫,臻藝術妙境矣。然妙境偶成豈易得,世俗憂患猶難挽,船山縱獨能漫春光而與造物者遊,其奈生平繼絕學、開太平之文化使命、深情大願何?「六經責我開生面,七尺從天乞活埋!」還是從高明再回頭自下

學做起，道中庸以漸致廣遠、博厚，而盡性立命也。就如《詩經‧秦風》這
首〈蒹葭〉所興發、啓示的：

蒹葭蒼蒼，白露爲霜。所謂伊人，在水一方。溯洄從之，道阻且長；
溯遊從之，宛在水中央。

蒹葭淒淒，白露未晞。所謂伊人，在水之湄。溯洄從之，道阻且躋；
溯遊從之，宛在水中坻。

蒹葭采采，白露未已。所謂伊人，在水之涘。溯洄從之，道阻且右；
溯遊從之，宛在水中沚。

來了！來了！水邊一大片蒼蒼茫茫、茂密鮮明的蘆荻叢，滿滿凝結著晶瑩別
透的潔白霜露，悠然迎面而來，人那久已蘊蓄生命深處的高潔純美悠遠的心
情，霎時被召喚了起來，不假思索，不待反省。這心情投向「伊人」而又折
映回來，一往一復，愈發豐盈鮮活。且不必妄臆那心底一再呼喚訴說的「伊
人」到底是誰，是愛慕的情人也好，是敬仰的賢者也罷，總之，不外是內心
所投射而嚮慕神往的「理想」對象。若隱若現，若即若離，高逸出塵、標然
遠舉，但總還是客觀上可望而主觀上可求的。懷抱著「希望」，從而追求，鍥
而不捨，一路艱難險阻、迂迴曲折，但也似乎一步一步地靠近、漸漸鮮明，
由河水中央的迷茫重隔，而水中高地的宛然若見，至水中小沙洲的暫息而一
得略略清賞，辛苦總算有了初步的回報。這時節，回首來時路，點點滴滴在
心頭，俱化爲理想追求的策勵或借鏡，而更加篤實地繼續不斷追求、實踐，
悠遊涵泳，當下皆是，日趨高明博厚而止於至善。此含蓄蘊藉，韻味無窮，
興人之心志，而深致高遠矣。唐先生〈懷鄉記〉述及：「東去江聲流汩汩，南
來山色莽蒼蒼。」固借以寫其魂牽夢繫的家鄉之實景，然亦何嘗非心靈的故
鄉之反映〔註52〕。縱「逝者如斯夫，不捨晝夜」（孔子《論語‧子罕篇》），令

〔註52〕 「東去江聲流汩汩，南來山色莽蒼蒼」爲唐先生的父親寫在其家鄉門口的對
聯，如實描繪出其家門外的景致（參見《唐君毅全集》，卷五，《人文精神之
重建》，頁 598）。1995 年，筆者赴四川參加第二屆唐君毅先生學術思想國際
研討會，曾隨團造訪其宜賓附近的家鄉故居，親身體會到如是渾樸靈秀之境。
「那是一幅多麼動人的鄉村水彩畫：一棟古舊的四院靜坐在一片青綠的田疇
中，前面不遠處激盪的金沙江奔流而過，房屋後面聳立著種滿梨、水蜜桃的
吊兒嘴山。」（當時宜賓日報上徐堅堅記者的描寫）且見對岸雲霧縹緲的綿延
青山間，一縷白練悠然飛下，增添了幾分瀟散和嫵媚。多年前，筆者也曾隨
黃師振華拜祭唐先生於其台北觀音山的墳塋前，從其塋向前方一望，好生驚
詫其多麼相應於此「江聲汩汩，山色蒼蒼」的景致，聽黃師說此墓地乃唐夫

人歎逝或禮讚，然也更警策人或興發人之知命、立命而健動不息。「天何言哉！四時行焉，百物生焉。天何言哉！」（孔子《論語・陽貨篇》）只要盡心，則蒼蒼山色無不日來，命日降而性日生日成，所謂「萬物皆備於我矣！反身而誠，樂莫大焉。」（孟子〈盡心篇〉）終至「所過者化，所存者神，上下與天地同流！」（孟子〈盡心篇〉）而「盡性立命」、「天德流行」（唐先生《生命存在與心靈境界》）也。

余言至此，當即踵唐先生所論而歸默焉。

人自己選定的，蓋其有深意乎？唐先生也說過：「我想人所真要求的，還是從那裏來，再回到那裏去。為了我自己，我常想只要現在我真能到死友的墳上，先父的墳上，祖宗的墳上，與神位前，進進香，重得見我家門前南來山色，重聞我家門前之東去江聲，亦就可以滿足了。」（《人文精神之重建》，頁603）則此東去江聲、南來山色實亦其心靈的歸宿之地。引而伸之，抽象以觀其中所啟示的哲學意境，則此景致又儘可是吾人心靈的故鄉也。

參考書目

一、唐君毅先生全集（全三十冊卷）

（甲編）人生體驗（卷一～卷三）

卷一：人生之體驗，道德自我之建立，臺北：臺灣學生書局（1984
年）（以下各卷同此 1984 年學生書局《唐君毅全集》版）。

卷二：心物與人生，愛情之福音，青年與學問。

卷三：人生之體驗續編，智慧與道德，病裡乾坤，人生隨筆。

（乙編）文化理想（卷四～卷十）

卷四：中國文化之精神價值，中國文化與世界。

卷五：人文精神之重建。

卷六：中國人文精神之發展。

卷七：中華人文與當今世界（上）。

卷八：中華人文與當今世界（下）。

卷九：中華人文與當今世界補編（上）。

卷十：中華人文與當今世界補編（下）。

（丙編）哲學研究（卷十一～卷十九）

卷十一：中西哲學思想之比較論文集。

卷十二：中國哲學原論・導論篇。

卷十三：中國哲學原論・原性篇。

卷十四：中國哲學原論・原道篇（一）。

卷十五：中國哲學原論・原道篇（二）。

卷十六：中國哲學原論・原道篇（三）。

卷十七：中國哲學原論・原教篇。

卷十八：哲學論集。

卷十九：英文論著彙編。

（丁編）思想體系（卷二十〜卷二十四）

卷二十：文化意識與道德理性。

卷二十一：哲學概論（上）。

卷二十二：哲學概論（下）。

卷二十三：生命存在與心靈境界（上）。

卷二十四：生命存在與心靈境界（下）。

（戊編）書簡・日記（卷二十五〜卷二十八）

卷二十五：致廷光書。

卷二十六：書簡。

卷二十七：日記（上）。

卷二十八：日記（下）。

（附編）年譜・紀念集（卷二十九〜卷三十）

卷二十九：年譜，著述年表，先人著述。

卷三十：紀念集，編後記。

二、古籍與今注（依原典時代先後）

1. 《十三經注疏》，重刻宋本，臺北：藝文印書館。

2. 《史記選注匯評》，漢司馬遷原著・韓兆琦編注，臺北：文津出版社，民國 82 年初版。

3. 《六祖壇經》（流行本、敦煌本同刊），唐六祖惠能，臺北：慧炬出版社，民國 70 年再版。

4. 《周子全書》，宋周敦頤，臺北：廣學社印書館，民國 64 年。

5. 《易程傳》，宋程頤，臺北：世界書局，民國 75 年五版。

6. 《二程集》，宋程顥・程頤，臺北：里仁書局。

7. 《知言》（影印文淵閣四庫全書本），宋胡宏（五峰），臺北：商務印書館。

8. 《五峰集》（影印文淵閣四庫全書本），宋胡宏（五峰），臺北：商務印書館，民國 75 年。

9. 《語譯廣解四書讀本・論語》，宋朱熹集註・蔣伯潛廣解，臺北：啟明書局。

10. 《語譯廣解四書讀本・孟子》，宋朱熹集註・蔣伯潛廣解，臺北：啟明書

局。

11. 《語譯廣解四書讀本・學庸》，宋朱熹集註・蔣伯潛廣解，臺北：啓明書局。

12. 《陸九淵集》，宋陸九淵，臺北：里仁書局，民國 70 年。

13. 《船山全書第六冊》(四書箋解・讀四書大全說等)，明王夫之，湖南長沙，嶽麓書社，1991 年。

14. 《宋元學案》，明清黃宗羲、黃百家、清全祖望編著・陳金生、梁運華點校本。

15. 《明儒學案》，明清黃宗羲編著・沈芝盈點校，台北：華世出版社，1987 年台一版。

16. 《莊子通・莊子解》，明清王夫之，臺北：里仁書局，民國 72 年。

17. 《莊子集釋》，清郭慶藩輯，臺北：河洛圖書出版社，民國 69 年。

18. 《荀子集解》，清王先謙，臺北：世界書局。

19. 《莊子集解》(內篇補正)，清王先謙(民國劉武)，臺北：漢京文化事業公司，民國 77 年。

20. 《孟子義理疏解》，王邦雄、曾昭旭、楊祖漢，臺北：鵝湖出版社，民國 73 年。

21. 《尚書今註今譯》，屈萬里，臺北：商務印書館，民國 68 年八版。

22. 《大學義理疏解》，岑溢成，臺北：鵝湖出版社，民國 73 年。

23. 《論語異解集說》，董季棠，嘉義：太冠出版社，民國 64 年。

24. 《新譯莊子讀本》，黃錦鋐註譯，臺北：三民書局，(民國 63 年初版，民國 81 年十一版)。

25. 《論語義理疏解》，曾昭旭、王邦雄、楊祖漢，臺北：鵝湖出版社，民國 73 年。

26. 《中庸義理疏解》，楊祖漢，臺北：鵝湖出版社，民國 73 年。

27. 《詩經評註讀本》，裴普賢，臺北：三民書局，民國 71 年。

28. 《史記會注考證》，(日)瀧川龜太郎，臺北：鳴宇出版社，民國 68 年。

三、今人專著 (依作者姓氏筆劃)

1. 《中國哲學論集》，王邦雄，臺北：學生書局，民國 72 年初版、民國 79 年再版二刷。

2. 《儒家倫理學析論》，王開府，臺北：學生書局，民國 75 年初版、民國 77 年二刷。

3. 《河殤》，王魯湘、蘇曉康，臺北：風雲時代出版社，民國 77 年。

4. 《方東美先生演講集》，方東美，臺北：黎明文化事業公司，民國 67 年初

版、民國 69 年再版。

5. 《新儒家哲學十八講》，方東美，臺北：黎明文化事業公司，民國 72 年。

6. 《原始儒家道家哲學》，方東美，臺北：黎明文化事業公司，民國 72 年。

7. *Chinese Philosophy*: Its Spirit and Its Development，方東美，臺北：聯經，民國 70 年。

8. 《中國哲學的特質》，牟宗三，臺北：學生書局，民國 52 年初版、民國 71 年學五版。

9. 《心體與性體（一）、（二）》，牟宗三，臺北：正中書局，民國 57 年初版、民國 80 年九刷。

10. 《生命的學問》，牟宗三，臺北：三民書局，民國 59 年初版、民國 83 年七版。

11. 《智的直覺與中國哲學》，牟宗三，臺北：學生書局，民國 60 年初版、民國 69 年三版。

12. 《名家與荀子》，牟宗三，臺北：學生書局，民國 68 年初版、民國 71 年再版。

13. 《才性與玄理》，牟宗三，臺北：學生書局，民國 69 年修訂五版。

14. 《從陸象山到劉蕺山》，牟宗三，臺北：學生書局，民國 68 年。

15. 《康德的道德哲學》（道德底形上學之基本原則・實踐理性底批判），牟宗三譯註，臺北：學生書局，民國 71 年。

16. 《康德純粹理性批判》，牟宗三譯註，臺北：學生書局，民國 72 年。

17. 《中國哲學十九講——中國哲學之簡述暨其所涵蘊之問題》，牟宗三，臺北：學生書局，民國 72 年。

18. 《圓善論》，牟宗三，臺北：學生書局，民國 74 年。

19. 《當代新儒學論文集（總論篇）》，牟宗三、唐亦男、陳特等，臺北：文津出版社，民國 80 年。

20. 《靈魂的苦索者》，史作檉，臺北：萬象圖書公司，民國 80 年。

21. 《林布蘭藝術之哲學內涵》，史作檉，臺北：仰哲出版社，民國 71 年初版、民國 82 年再版。

22. 《人文學概論（上冊）》，李亦園、呂正惠、蔡源煌，臺北：國立空中大學，民國 81 年三版。

23. 《唐君毅先生的哲學》，李杜，臺北：學生書局，民國 71 年初版、民國 78 年三刷。

24. 《世界的假設》，李杜，裴柏與西方的形而上學，臺北：學生書局，民國 79 年。

25. 《當代新儒學論文集（內聖篇）》，李杜、楊祖漢、袁保新等，臺北：文津

出版社，民國 80 年。

26. 《中國古代天道思想論》，李杜，臺北：藍燈文化事業公司，民國 81 年。

27. 《儒家與康德》，李明輝，臺北：聯經，民國 79 年。

28. 《儒學與現代意識》，李明輝，臺北：文津出版社，民國 80 年。

29. 《當代新儒家人物論》（第二屆當代新儒學國際學術會議論文集之一），李明輝主編·劉述先等著，臺北：文津出版社，民國 83 年。

30. 《孟子思想的哲學探討》，李明輝主編，中央研究院，中國文哲研究籌備處，民國 84 年。

31. 《當代新儒學之哲學開拓》，李瑞全，臺北：文津出版社，民國 82 年。

32. 《莊子》，吳光明，臺北：東大圖書公司，三民書局，民國 77 年。

33. 《孟子思想研究論集》，吳康等，臺北：黎明文化事業公司，民國 71 年。

34. 《儒家自我意識的反思》，杜維明，臺北：聯經，民國 79 年。

35. 《象山心學在宋學中之歷史意義》，汪義麗，中國文化大學中國文學研究所碩士論文，民國 72 年。

36. 《當代新儒家哲學史論》，林安梧，臺北：文海文教基金會出版，明文書局經銷，1996 年。

37. 《牟宗三哲學與唐君毅哲學論》（第二屆當代新儒學國際學術會議論文集之二），林安梧主編·劉述先、李杜等著，臺北：文津出版社，民國 86 年。

38. 《當代儒學發展之新契機》（第二屆當代新儒學國際學術會議論文集之四），林安梧主編·劉述先、李杜等著，臺北：文津出版社，民國 86 年。

39. 《孔子學說探微》，林義正，臺北：東大圖書公司，民國 76 年。

40. 《書道美學隨緣談》，姜一涵，臺北：國立臺灣藝術教育館，民國 86 年。

41. 《中國美學論集》，姜一涵、漢寶德、傅佩榮等，臺北：南天書局，民國 78 年。

42. 《原儒》，熊十力，臺北：明文出版社。

43. 《周易與懷德海之間》，唐力權，臺北：黎明文化事業公司，民國 78 年。

44. 《文化意識宇宙的探索——唐君毅新儒學論著輯要》（現代新儒學輯要叢書），唐君毅著、張祥浩編，北京：中國廣播電視出版社，1993 年二刷。

45. 《孟子哲學與先秦思想》，高柏園，臺北：文津出版社，民國 85 年。

46. 《孟子三辯之學的歷史省察與現代詮釋》，袁保新，臺北：文津出版社，民國 81 年。

47. 《熊十力與新儒家哲學》，徐水生譯·（日）島田虔次著，臺北：明文書局，民國 81 年。

48. 《孟子的哲學》，許宗興，臺北：臺灣商務印書館，民國 78 年。

49. 《經驗與理性──美國哲學析論》，郭博文，臺北：聯經，民國 79 年。

50. 《當代歐洲哲學》（據 Donald Nicholl &Karl Aschenbrenner 英譯本）、（波蘭）I.M.Bochenski 原著・郭博文中譯，協志工業叢書，民國 58 年初版、民國 75 年五版。

51. 《近思錄詳註集評》，陳榮捷，臺北：學生書局，民國 81 年。

52. 《孟子待解錄》，陳大齊，臺北：商務印書館，民國 69 年初版、民國 70 年二版。

53. 《當代新儒學的關懷與超越》（第三屆當代新儒學國際學術會議論文集之一），陳德和主編・王邦雄、陳特等著，臺北：文津出版社，民國 86 年。

54. 《東西文化及其哲學》，梁漱溟，臺北：虹橋書店，民國 57 年。

55. 《煥鼎文錄》，梁漱溟，臺北：地平線出版社，民國 63 年。

56. 《中國文化要義》，梁漱溟，臺北：問學出版社，民國 70 年再版。

57. 《中國哲學史》，馮友蘭，臺北：藍燈文化事業公司，民國 78 年。

58. 《中國哲學簡史》，馮友蘭，臺北：藍燈文化事業公司。

59. 《二程學管見》，張永儁，臺北：東大圖書公司，民國 77 年。

60. 《完人的生活與風姿》，程兆熊，大林出版社，民國 73 年。

61. 《儒家思想──性情之教》，程兆熊，臺北：明文書局，民國 75 年。

62. 《儒家教化與國際社會》，程兆熊，臺北：明文書局，民國 77 年。

63. 《四書大義》，程兆熊，臺北：明文書局，民國 77 年。

64. 《憶鵝湖》，程兆熊，臺北：大林出版社。

65. 《唐君毅集》（當代新儒學八大家集叢書），黃克劍、鍾小霖編，北京：群言出版社，1993 年。

66. 《新編中國哲學史（一）、（二）、（三上）》，勞思光，臺北：三民書局，民國 70 年初版。

67. 《儒道天論發微》，傅佩榮，臺北：學生書局，民國 74 年。

68. 《唐君毅思想研究》，張祥浩，天津人民出版社，1994 年。

69. 《康德哲學論文集》，黃振華，臺北：時英出版社，民國 70 年左右。

70. 《優入聖域──權力、信仰與正當性》，黃進興，臺北：允晨文化公司，民國 83 年。

71. 《西洋哲學史》，傅偉勳，臺北：三民書局，民國 54 年初版、民國 70 年六版。

72. 《倫理學》，斯賓諾莎著・賀自昭譯，仰哲出版社，民國 76 年。

73. 《儒家與康德的道德哲學》，楊祖漢，臺北：文津出版社，民國 76 年。

74. 《儒家的心學傳統》，楊祖漢，臺北：文津出版社，民國 81 年。

75. 《儒學與當今世界》（第二屆當代新儒學國際研討會論文集之二），楊祖漢主編・牟宗三等著，臺北：文津出版社，民國 83 年。

76. 《尊聞錄》，熊十力，臺北：聯經。

77. 《道德、理性與人文的向度》，葉海煙，臺北：文津出版社，民國 85 年。

78. 《梁漱溟與現代新儒家》，鄭大華，臺北：文津出版社，民國 82 年。

79. 《當代新儒學論衡》，鄭家棟，臺北：桂冠圖書公司，1995 年。

80. 《儒家的心性學與道德形上學》，盧雪崑，臺北：文津出版社，民國 80 年。

81. 《國史大綱》，錢穆，臺北：商務印書館，民國 29 年初版、民國 63 年修訂一版。

82. 《中國文化叢談》，錢穆，臺北：三民書局，民國 58 年初版、民國 82 年八版。

83. 《孔子與論語》，錢穆，臺北：聯經，民國 63 年初版、民國 80 年九版。

84. 《四書釋義》，錢穆，臺北：學生書局，民國 67 年學初版、民國 79 年修訂重版四刷。

85. 《中國思想史》，錢穆，臺北：學生書局，民國 81 年六刷。

86. 《唐君毅思想國際會議論文集（Ⅰ）── 思想體系與思考方式》，霍韜晦主編，香港九龍：法住出版社，1992 年。

87. 《唐君毅思想國際會議論文集（Ⅱ）── 宗教與道德》，霍韜晦主編，香港九龍：法住出版社，1990 年。

88. 《唐君毅思想國際會議論文集（Ⅲ）── 哲學與文化》，霍韜晦主編，香港九龍：法住出版社，1991 年。

89. 《荀子論集》，龍宇純，臺北：學生書局，民國 76 年。

90. 《判斷力批判》，（德）康德著・宗白華、韋卓民譯，臺北：滄浪出版社，民國 75 年。

91. 《新儒家的精神方向》，蔡仁厚，臺北：學生書局，民國 71 年初版、民國 78 年三刷。

92. 《中國哲學史大綱》，蔡仁厚，臺北：學生書局，民國 77 年。

93. 《儒家心性之學論要》，蔡仁厚，臺北：學生書局，民國 79 年。

94. 《現化新儒學心性理論評述》，韓強，遼寧大學出版社，1992 年。

95. 《儒學的現代反思》（第二屆當代新儒學國際學術會議論文集之三），蕭振邦主編・何秀煌等著，臺北：文津出版社，民國 86 年。

96. 《中國哲學思想史・先秦篇》，羅光，羅光全書冊六，臺北：學生書局，民國 85 年。

97. *The Collected of Spinoza*, Edited and Translated by Edwin Curley, 臺北：雙葉書店，民國 74 年。

98. *Experience and Nature*, John Dewey, DOVER PUBLICATIONS, INC. NEW YORK.

四、期刊或單篇論文等（依年代先後）

1. 〈孟子人性論之現象學解析〉，陳榮華，《哲學與文化》第 10 卷 6、7 期，1983 年 6 月，1983 年 7 月。

2. 〈第三代新儒家能做些甚麼？〉，霍韜晦，《法言》第 3 卷第 1 期。

3. 〈天道、心性、與歷史——孟子人性論的再詮釋〉，袁保新，《哲學與文化》第 22 卷第 11 期，1995 年 11 月。

4. 〈試論儒家心性之學的現代意涵及其與科學的關係〉，袁保新，《當代儒學論集：挑戰與回應》，劉述先主編，臺北：中央研究院中國文哲研究所籌備處，1995 年 12 月初版。

5. 〈理念疏通與實踐構想〉，曾紀茂，《第二屆唐君毅學術思想國際會議論文》，1995 年。

6. 〈唐君毅學術思想與宜賓故土文化〉，譚賢偉，《第二屆唐君毅學術思想國際會議論文》，1995 年。

7. 〈從唐君毅論抗戰之意義看其倡導之理想主義與人文主義〉，駱爲榮，《第二屆唐君毅學術思想國際會議論文》，1995 年。

8. 〈讀唐君毅集有感〉，劉雨濤，《第二屆唐君毅學術思想國際會議論文》，1995 年。

9. 〈唐君毅先生與台灣儒學〉，李杜，《第一屆台灣儒學研究國際學術研討會》，1997 年。

10. 〈心性與天道——唐君毅先生的體會與闡釋〉，陳特，《鵝湖學誌》第 17 期，臺北：東方人文學術研究基金會，1997 年。

11. 〈儒家形上學與意志自由〉，楊祖漢，《鵝湖學誌》第 17 期，臺北：東方人文學術研究基金會，1997 年。

12. 〈論牟宗三先生「逆覺體證」義之運用〉，高柏園，《鵝湖月刊》第 22 卷第 7 期總號 259，1997 年 1 月。

13. 〈試論荀子「禮」的價值根源問題〉，柳熙星，《鵝湖月刊》第 22 卷第 9 期總號 261，1997 年 3 月。

14. 〈康德與牟宗三之圓善論試說〉，彭高翔，《鵝湖月刊》第 23 卷第 2 期總號 266，1997 年 8 月。

15. 〈先生的圓善論與眞美善說〉，楊祖漢，《鵝湖月刊》第 23 卷第 3 期總號 267，1997 年 9 月。

16. 〈牟宗三先生之後：咒術、專制、良知與解咒〉，林安梧，《鵝湖月刊》第 23 卷第 4 期總號 268，1997 年 10 月。

17. 〈李元松與現代禪〉，鄭志明，《第一屆當代宗教學學術研討會會議手冊》（佛光大學南華管理學院主辦），1997 年。

18. 〈論唐君毅先生的心性實踐及予我之感發〉，曾昭旭，《鵝湖月刊》第 23 卷第 8 期總號 272，1998 年 2 月。

19. 〈中國藝術意境之誕生〉，宗白華，臺北：木鐸出版社（收集）。